高校心理健康服务体系构建与实践研究

沈　菊　刘慧玲／著

重庆大学出版社

图书在版编目(CIP)数据

高校心理健康服务体系构建与实践研究／沈菊，刘
慧玲著. -- 重庆：重庆大学出版社，2023.12
ISBN 978-7-5689-4230-0

Ⅰ.①高… Ⅱ.①沈… ②刘… Ⅲ.①大学生—心理
健康—健康教育—研究 Ⅳ.①G444

中国国家版本馆 CIP 数据核字(2023)第 224623 号

高校心理健康服务体系构建与实践研究

GAOXIAO XINLI JIANKANG FUWU TIXI GOUJIAN YU SHIJIAN YANJIU

沈 菊 刘慧玲 著
策划编辑:唐启秀
责任编辑:丁薇薇 版式设计:唐启秀
责任校对:关德强 责任印制:张 策

*

重庆大学出版社出版发行
出版人:陈晓阳
社址:重庆市沙坪坝区大学城西路 21 号
邮编:401331
电话:(023) 88617190 88617185(中小学)
传真:(023) 88617186 88617166
网址:http://www.cqup.com.cn
邮箱:fxk@cqup.com.cn(营销中心)
全国新华书店经销
重庆天旭印务有限责任公司印刷

*

开本:720mm×1020mm 1/16 印张:11.25 字数:162 千
2023 年 12 月第 1 版 2023 年 12 月第 1 次印刷
ISBN 978-7-5689-4230- 0 定价:58.00 元

前　言

　　党和国家陆续出台了多项与心理健康相关的政策法规、文件通知,对新时代做好心理健康和精神卫生工作提出了明确要求。大学生心理问题有逐年上升的趋势,引发大学生心理问题的原因错综复杂,高校心理健康工作面临严峻挑战。

　　本书旨在将高校心理健康工作放在整个社会大系统,思考在创新社会治理背景下,高校心理健康工作面临哪些新的要求,如何在高校传统的心理健康工作内容基础之上,进一步拓展大学生心理健康工作的内涵和外延,开展高校心理健康服务供给侧改革。构建全方位、立体化的高校心理健康服务体系,以满足心理健康服务需求侧的要求。本书作者长期从事大学生心理健康研究与实践工作。本书既是重庆市教委科技项目《大学生心理问题 IM-SAFER 干预模型构建及实践研究》(项目编号:KJQN202103305)、重庆市教育科学规划课题《高职院校心理健康服务体系构建及实践研究》(项目编号:K22YG313318)研究成果的总结和完善,也是作者所在学校在突发公共事件下运用 IM-SAFER 模型开展大学生心理问题干预实践的经验总结。本书第一、三、四、六章由重庆城市管理职业学院沈菊撰写,第二、五章由重庆城市管理职业学院刘慧玲撰写。由于作者才疏学浅,书中不够严谨之处,敬盼各位专家和读者批评指正,我们将在后续的研究中加以完善。

　　同时要感谢调研过程中,兄弟院校心理健康工作人员的帮助和支持。在本书写作过程中,我们学习和借鉴了同行的宝贵观点,在此一并表示感谢!

沈菊、刘慧玲

2023 年 5 月

目 录

参考文献

第一章

导论

推进健康中国建设是增进民生福祉,提高人民生活品质的重要举措。在经济社会取得高速发展,物质生活水平提升,医疗水平得到保障的同时,也应关注全民心理健康问题,提升全民心理健康素养。党的十九大报告明确提出要"加强社会心理服务体系建设,培育自尊自信、理性平和、积极向上的社会心态"。党的二十大报告提出要重视心理健康和精神卫生工作。在全国高校思想政治工作会上,强调要培育理性平和的健康心态,加强人文关怀和心理疏导①。

近年来,各级各部门对于心理健康问题十分重视,陆续出台了多项心理健康相关政策法规、文件通知,对新时代做好心理健康和精神卫生工作提出了明确要求。虽然随着政府的推动、社会的重视,广大民众的心理健康意识得到提升,心理健康工作队伍专业性不断成长,心理健康工作的组织也更加有序,但是仍然无法满足民众当前快速增长的心理健康需求。尤其是新冠疫情发生以来,全球心理健康问题日益严峻。据相关统计,新冠疫情以来,全球新增接近 7 000 万抑郁症患者,9 000 万焦虑症患者,超过一亿人出现失眠问题,精神科患者增加了 25% 左右,寻求心理咨询和心理热线帮助的人次数激增,主要表现为焦虑、抑郁、失眠、恐慌、无助、愤怒和内疚。可见,大力推进心理健康工作意义重大。

健康的心理是大学生接受专业知识和思想教育的前提,是正常学习、生活、工作的保障。大学生处于成年早期阶段,面临不同人生阶段的转换,身心发展还未完全成熟,在快速变迁的社会中,会遇到诸多挑战,部分学生面临一定的心理健康困境。同时,大学生作为社会的中坚力量,其心理健康问题受到社会广泛关注。中国国民心理健康状况最新调查结果显示,在成年人群中,18—24 岁年龄组的抑郁风险检出率高达 24.1%,显著高于其他年龄组②。由此可见,大学生的心理健康问题不容乐观。大量研究发现,近年来大学生心理健康问题呈不断上升趋势,表现为表征多样化,成因错综复杂化,高校应高度重视并组织开展大学生心理健康工作。

① 施秀梅. 习近平心理健康重要论述的生成逻辑[J]. 兵团党校学报,2022(1):10-14.
② 齐芳,崔兴毅. 成年人群自评心理健康状况总体良好[N]. 光明日报,2023-02-27(8).

当前,高校以大学生心理健康教育与危机干预为主开展工作,但存在专业人员缺乏、心理健康教育形式单一、干预流程不够完善、学校相关资源未得到有效利用等问题。且当前的心理健康工作视角较为微观,并未形成全方位、立体化的心理健康服务工作局面。高校应在创新社会治理体系大背景下,厘清大学生心理健康服务工作的时代要求,建立大心理健康观,以学生的需求为基础,探索构建更为系统、科学的心理健康服务体系,切实解决大学生心理问题,提升大学生心理素养,促进大学生健康成长。

第一节 问题的提出

笔者通过多年的大学生心理健康工作发现,近年来,大学生心理问题呈逐年上升趋势,引发大学生心理问题的原因错综复杂,高校心理健康工作面临严峻挑战。在创新社会治理大背景下,如何进一步思考新时代高校心理健康服务体系的时代意涵,深入探索,思考构建高校心理健康服务体系,以应对当前需要,显得尤为重要。

一、党和国家对于心理健康问题的高度重视

党的十九大报告指出,要加强社会心理服务体系建设,培育自尊自信、理性平和、积极向上的社会心态[①]。党的二十大报告提出要推进健康中国建设,进一步重视心理健康和精神卫生工作。社会心理服务体系概念的提出,是基于我国社会治理的理念与实践,它立足我国社会心理健康相关工作实际,进一步拓展了传统心理健康服务的领域和范围,更加注重多方的参与以及各种社会资源的协调、整合与共享。因此,我们需要在原有心理健康服务内容的基础上逐步拓展,以发挥社会心理服务体系价值引领、情感支持和情绪疏导的功能,为推进我

---

① 苗苼. 社会心理服务体系建设:定位、现状及未来趋势[J]. 社会治理,2022(4):24-27.

国国家治理体系和治理能力现代化助力①。作为重要的社会设置，高校需要在传统心理健康教育体系基础上，进一步调动各方资源，思考和完善其心理健康服务体系，共同助力大学生心理健康服务工作。

2016年12月，国家卫生计生委、教育部等22部门联合印发《关于加强心理健康服务的指导意见》，对高校学生心理健康教育提出任务要求。2017年12月，中共教育部党组发布《高校思想政治工作质量提升工程实施纲要》，将"心理育人"纳入高校"十大"育人体系。《高校思想政治工作质量提升工程实施纲要》的出台，是高校思政工作着眼新征程、谋划新篇章、聚焦新要求、落实新任务，打通育人最后一公里的具体表现。这些政策的出台，为高校心理健康工作指明了方向。

二、适应高校心理健康教育及大学生心理健康发展的需要

随着社会的高速发展和变迁，学生面临的问题日益多元化和复杂化。当代大学生除了在学习、人际关系、就业升学方面面临较大压力外，还存在自我认同度低、生命意义感弱等突出问题。同时，高校存在学生心理健康知识匮乏、认知不足、学校心理健康转介机制不通畅、校内各方合力不够等问题，导致学生心理问题发现、预警、治疗、跟踪、康复等环节存在工作和信息上的断层。学校内部以及学校与家庭、精神卫生医疗机构、社会工作机构等外部系统之间尚未建立有效的工作链接。心理健康是一项系统工程，需要相关教育主体、干预主体和参与各方的密切配合，提供协同服务，在更宽广层面上对学生提供帮助，预防心理问题的发生，开发其心理潜能，提升其心理素养，解决其心理问题。

从高校心理健康服务工作的现状来看，高校基本是从管理的角度来构建工作机制的。这种方式在较长的时期内发挥了重要的作用，能够高效地推进学校心理健康服务工作流程。但是这种方式并没有完全从学生的需求出发，也不能

---

① 陈雪峰. 社会心理服务体系建设的研究与实践[J]. 中国科学院刊, 2018, 33(3)：308-317.

满足当前复杂的心理健康形势。如何在传统心理健康工作取得的成果下,进一步拓展心理健康工作的内涵外延,以大心理健康观为指导,以大学生心理健康服务需求为导向,建构涵括高校心理健康服务工作各方面内容、科学有效、重在"服务"的高校心理健康综合服务体系尤为重要。

第二节 文献回顾

一、高校心理健康服务体系相关研究

对于大学生心理健康工作的认识,经历了不同的发展阶段,也存在多种不同的观点,这在大学生心理健康工作的相关概念和提法上也有所体现。

关于学校心理健康工作,国外主要使用的是"心理健康服务"概念,"心理健康教育"的提法相对较少。而国内学术界、媒体或学校心理工作者使用较多的有"心理健康教育""心理健康工作""心育""心理辅导"等概念。这些提法背后反映的往往是我国传统教育思想中,以教师为中心,突出教师的主体地位和主导作用,强调教师自上而下的"教育"色彩,学生往往被视为受教育者,处于客体地位,扮演的是被动和从属的角色。而西方对于学校心理健康工作的理念明显与我们存在差异,他们主张的是以学生作为中心,突出学生的主体地位,发挥学生的主体性,强调学校心理健康服务工作要为学生成长成才提供服务,以帮助并促进学生得到最大程度的发展。

随着社会的发展,学校心理健康工作的现实需要,以及人们对于学校心理健康工作认识的进一步发展和升华,黄希庭先生提出了"心理健康服务"概念。他认为,心理健康服务体系是指由专业机构和人员遵循心理健康规律向社会成员所提供的心理促进工作,以及围绕此工作开展的投资、教育培训、管理监督等所组成的系统①。俞国良、侯瑞鹤认为学校心理健康服务体系是指以心理健康教育教师为核心的工作团队,遵循心理健康的特点和规律,向学生和教职员工提供不同层级的心理健康与心理保健服务,以及围绕该项工作的各种人和财物的投入、教育培训、管理以及相应的制度建设等②。结合黄希庭、俞国良等专家对心理健康服务的界定,本书将高校心理健康服务体系定义为在高等学校中,由心理健康工作相关人员基于大学生心理健康服务需求,遵循大学生心理健康发展规律,向全体师生所提供的心理健康促进工作,以及与此工作相关的教育培训、保障条件、管理监督等所组成的系统③。

(一)国内高校心理健康服务体系研究综述

我国心理健康工作整体起步较晚,但是经过这些年的研究与实践探索,取得了较快的发展。高校在近年来的心理健康工作实践中,积累了不少经验,但在心理健康服务体系构建方面的研究还比较薄弱。

1.我国内地高校心理健康服务体系的发展历程

随着我国高等教育的快速发展,大学生群体数量逐年增加,自 20 世纪 90 年代以来,大学生群体的心理健康问题逐渐受到社会关注,学者开始围绕大学生心理健康问题开展相关研究。国内心理健康研究和实践经历了以下三个发展阶段:一是起步探索阶段,时间为 1978—1993 年。随着改革开放,心理学研究进一步深化,心理学学科越来越被社会所认可,心理健康工作从无组织的松散形式向有组织的统筹方向发展。二是发展推进阶段,时间为 1994—2000 年。高校在心理健康工作内容、管理制度、教材、学术研究、具体实践等方面进行了全面探索,初步形成了具有中国特色的大学生心理健康工作体系。三是快速发展阶段,时间为 2001 年至今。在党和政府的关心和政策支持下,大学生心理健康工作进一步朝着专业化、规范化方向发展,高校心理健康各项工作更加成熟

---

① 马含俏,张曼华. 我国社区心理健康服务体系研究[J]. 医学与社会,2020,33(8):67-72.
② 俞国良,侯瑞鹤. 论学校心理健康服务及其体系建设[J]. 教育研究,2015,36(8):125-132.
③ 赵崇莲. 广东省高校心理健康服务体系构建研究[D]. 重庆:西南大学,2011.

和完善。

1）起步探索阶段

这一阶段的主要特征为高校心理健康服务工作的正式开启。1979年，北京医科大学医学部成立心理学教研室，标志着我国高校心理健康服务工作的开始；1982年，北京师范大学成立心理测量与咨询服务中心；1984年，北京大学心理系成立心理健康咨询室；1985年，上海交通大学成立益友咨询服务中心。此后，经济较为发达地区的部分高校也相继成立心理咨询中心。1988年6月，"首届高校咨询教育理论与实践研讨会"在上海交通大学举办，成立了"中国高校心理咨询研究会筹委会"，后更名为"大学生心理咨询专业委员会"，创办《高校心理咨询通讯》杂志。这些都代表着我国高校心理健康工作的起步，且逐渐受到更多高校的重视。

2）发展推进阶段

1990年，代表国内最高水平的高校心理健康教育、咨询的专门学术性组织——中国心理卫生协会大学生心理咨询专业委员会成立，标志着我国高校心理健康服务工作进入了新的发展阶段。该协会是民政部注册、教育部指导下的一级专业学术组织，此后其他省市也相继成立了分专业委员会，大学生心理健康服务研究工作进一步得到深化。在此阶段，心理咨询技能讲座、心理卫生学术研讨会等大量开展。这些工作的开展，对于普及心理健康知识和专业技能有着重要的推动作用，心理健康工作相关从业人员的专业素养得到较快提高。1993年后，大学生心理健康服务工作得到教育部（原国家教委）的重视，并于1994年举办了首届"高校心理咨询教师培训班"。专业培训的开展对推进高校心理健康工作专业化有着重大意义，为高校培养了一批懂专业、会实践的心理健康服务人员，对高校心理健康工作的有序推进起到重要作用。1994年，辽宁省大学生心理咨询专业委员会发动全国47所高校共同参与修订了"卡特尔种人格因素中国大学生常模"，高校心理健康工作越来越趋于规范化和本土化。

3）快速发展阶段

此阶段的代表性事件是 1997 年中国心理卫生协会大学生心理咨询专业委员会召开第五届学术年会。加上党和国家对高校心理健康工作在政策上的大力推动,高校心理健康工作得到快速发展。2001 年,教育部颁发《关于加强普通高等学校大学生心理健康教育工作的意见》,强调开展高校心理健康服务的重要性和紧迫性。2002 年,教育部颁布《普通高等学校大学生心理健康教育工作实施纲要(试行)》,进一步指导和规范了高校心理健康服务工作。这些重要文件的出台,标志着我国高校心理健康服务事业正进入新的快速发展阶段。此外,不少学者立足于我国社会实际,积极开展本土化实践及研究,促进我国高校心理健康服务工作不断发展、完善、成熟。

2.关于高校心理健康服务体系目标的相关研究

心理健康服务体系的设计和构建需要以高校心理健康服务目标为指导。通过对以往研究的梳理发现,不同学者对于高校心理健康服务的目标定位有所差异。吴先超对心理健康教育目标体系进行了分析,提出构建学校心理健康服务目标需要遵循教育性、发展性、针对性、可操作性、科学性五大基本原则,并进一步阐明了学校心理健康服务的初级、中级、高级三大层次目标[①]。他从认知、情感、意志、个性等方面对心理健康教育目标的内容进行了阐述,认为认知目标主要包括自我智能、掌握学习策略、改善学习品质等方面;情感教育目标包括培养大学生的社会性情感品质和增强其情感调控能力;意志目标在于帮助大学生提高承受挫折的能力,培养良好的意志品质;个性目标一是促进社会适应,二是完善个性品质。黄希庭和郑涌提出,心理健康教育模式的根本目的在于增强学生的社会适应能力,促进学生健康成长,更好地开发其心理潜能。张大均提出,高校心理健康服务的主要目标是帮助大学生解决生活、学习、交往中出现的各种心理问题,促进其健康发展。刘华山、周宗奎在分析国外心理健康服务目标

---

① 丁闽江.“全员育人”视角下的心理育人工作队伍建设研究[J]. 北京教育(德育),2022(6):87-92.

的基础上,对国内五个城市 2 665 名公众、武汉市三所精神病院 500 名精神疾病门诊患者、226 名中小学生开展调查,了解各类人群的心理健康服务需要及类型、分析心理健康服务的目的和原因,制定了与我国经济和社会发展水平相适应的心理健康服务体系目标,即条件性目标、运行机制与管理目标、功能实现目标。此外,有不少学者提出,高校心理健康服务的主要目标是向全体学生提供预防性、发展性的心理健康服务。尽管学者们的角度有所差异,对目标的划分有所不同,但他们都认为高校心理健康服务主要是为大学生提供服务的。此外,多数学者主要是从管理的角度进行定位,而不是从学生的需求角度出发,容易导致高校心理健康服务目标与大学生心理健康服务需求匹配度差,影响服务质量。

3.关于高校心理健康服务体系内容研究

黄希庭、郑涌、毕重增、陈幼贞提出我国心理健康服务体系存在服务技术体系不完善,心理服务从业机构和个人良莠不齐、总体水平偏低,从业人员的教育培训、从业人员和机构的资质认证缺乏有效的监督管理机制等问题。吴增强提出要基于学生发展需求,构建心理健康服务协同体系,开展适切性的服务。王文波探究了基于移动互联网的大学生心理健康服务体系构建。徐庆春、张平以长沙职业技术学院为例,基于积极心理学视角,从"教育与指导、咨询与自助、自助与他助"等方面深入探索如何构建积极的高职心理健康服务体系。张雪提出以学生为主体设计心理健康教育内容,增加实践教学,利用现代化技术、网络平台等丰富心理健康教育的内容和形式。李明从当前高校大学生心理健康服务体系建设的现状和问题入手,指出要建设好心理素质教育教学、心理咨询、心理疾病预防和危机干预等相互联系又相互区别的三个服务体系,让大学生心理健康服务体系建设更趋专业化、高效化,为大学生心理健康提供更全面的服务。

内容体系是高校心理健康服务体系的主体,它决定了高校具体会提供何种服务,直接影响到服务的可及性。俞国良、侯瑞鹤认为根据高校心理健康服务体系的目标和任务不同,可以划分为心理健康自评和他评评价系统、心理健课程与教学系统、心理辅导与咨询服务系统,以及心理疾病预防与危机干预系统①。王蕾提出要构建好高校心理健康服务的四大体系:教育教学体系,辅导与咨询体系,干预与监控体系,家庭、学校、社会协同的整体教育网络体系。郭安宁、俞海侠提出大学生心理健康服务体系是由心理健康服务组织体系、制度体系和运行体系构成。赵崇莲将高校心理健康服务体系分为管理监督、专业队伍建设和技术体系三个维度。他在梳理广东省高校心理健康服务体系发展历史、现状及特色的基础上,分析不足并提出对策,以进一步丰富和完善我国高校心理健康服务体系。孙红岩提出从管理机制、服务团队、课程建设、校园网络、校园文化五个方面对高校心理健康服务体系建设路径进行相关研究。秦懿昭提出开展积极心理咨询,增设积极心理体验活动,以人为本,构建心理健康教育课程新体系,建设开放大学心理健康教育网络平台,以校园文化建设为抓手,完善高校心理健康防控体系。梁剑玲、任婷婷提出在"协同·共享·发展"理念的指导下,从顶层设计、机制建设、途径建设、内容建设和效果评价五个方面调动各方要素整合资源,构建开放统一的区域学生心理健康服务平台,形成联动的系统网络和可持续发展的心理健康服务体系。傅小兰等在中国科学院科技服务网络计划(STS计划)的支持下,研发了"中国科学院心理健康服务网络平台"(以下简称"服务平台")。服务平台提供心理测试、心理咨询、慕课学习、在线课堂、心理知识、心理调适、线下活动等功能模块,通过电脑端和手机App端为职工和学生提供专业、便捷、智能的综合性线上心理服务,可实现网上心理咨询预约、视频咨询和自助咨询。李立杰、吕晶红在对美国高校心理健康服务体系的研究成果进行总结与分析的基础上,提出应关注以下问题:不同层级学校心理健康服务信息资源如何共享;服务对象在高校心理健康服务政策发展中的作用应如何发挥;如何培养家长参与不同干预计划的心理能力;高校对危机事件的干预能力如何进一步提升。

---

① 俞国良,侯瑞鹤. 论学校心理健康服务及其体系建设[J]. 教育研究,2015,36(8):125-132.

4.关于高校心理健康服务主体研究

陈家麟和田宏碧指出,高校存在杂拼从业人员等问题,心理健康服务工作人员虽然经过较为系统的学习和培训,但是临床经验欠缺,实操能力不足,无法处理较为严重的状况,由此提出要合理组建队伍。卢爱新指出,我国高校心理健康服务工作存在鲜明特点,在人员队伍方面,存在多学科背景,如心理学、思想政治教育学、医学等,他提出要加强专业培训、开展职业资格认证工作、优化心理健康服务队伍构成。李洪波建议组建心理学专家、医务工作者和德育工作者三者相互支持配合的高校心理咨询工作队伍。

关于高校心理健康服务主体的发展需求和胜任力方面,黄希庭等认为,目前,我国心理健康工作人员构成比较复杂,高校虽然与医院、精神卫生中心等建立了一定合作,但合作并不深入,专业机构对于高校心理健康服务支持不足。陈敏燕、陈红、钱铭怡认为当前心理健康服务工作人员知识结构存在一定缺陷、实践技能普遍不高,服务对象需求难以得到真正满足。他们通过对国内心理健康从业者需求的研究指出,从业者对实践技能培训的需求最高。陈红等采用培训需求和影响因素自编问卷,对 1 391 名心理健康从业者进行了调查。结果发现,心理健康服务工作人员对实践技能培训的需求最高,并且其需求与性别、年龄、受教育程度、从业取向、从业长短、已参加培训次数及内容等因素相关。

5.高校心理健康服务模式研究

关于心理健康服务模式的研究,主要分为三种视角,即医学视角、教育视角和服务视角。其中教育视角和服务视角是最主要的两种。服务视角相对于教育视角更加注重服务对象的需求,服务提供者的角色也发生了较大变化,服务对象范围也进一步拓展,除受心理困扰的学生之外,还包括普通学生、教职员工,服务内容也更加全面和完善,服务发展导向也从心理健康干预转变为心理健康预防和促进。

国内对于心理健康教育模式的研究较多,但心理健康服务模式还处在初步探索阶段。比较有代表性的是徐大真及季文泽团队的研究。徐大真、徐光兴提出要在多学科协作的基础上,整合各方资源,从制度建设、队伍培养、组织管理以及课程开发等角度出发,进一步完善组织机构,对从业人员开展专业化、资格化培训,建构立体多维的具有中国特色的心理健康服务体系。季文泽、汤琳夏、吴庆涛提出从医教结合的视域出发,探索以融通主体、内容和资源为重要特征的服务模式,建立高校心理健康服务共同体。秦姣姣借鉴 EAP 理论,构建了 CUPA 模式,该模式基于"治未病"的健康促进理念,重视学生的服务体验,倡导高校、社会专业机构和医疗心理科室三个服务主体协作、拓展并丰富线上服务,提供专业化的线下服务,建立心理档案并进行心理评估[①]。

国内更多聚焦在高校心理健康教育模式的研究。陈文博提出高校心理健康教育实践"1234"工作模式,1 代表一套"校—院—班—舍"四级育人体系,2代表成立专兼职教师队伍和朋辈互助队伍两支育人队伍,3 代表重点开展心理普查、筛查、排查三项心理危机预防检查,4 代表坚持知识教育、心理活动、心理咨询、服务特色专业人才培养四条育人主线。赵翠霞在对云南师范大学学生的心理健康服务需求开展分析的基础上,提出构建新的云南师范大学心理健康服务体系。一是转变学校心理中心职能和角色,包括建立学校心理中心人才储备站、负责校级心理健康服务工作、对外发展与对外合作。二是加快实现学校心理健康服务工作信息化管理,包括心理网站设计、学校心理中心微信公众号设计。三是建立院级心理服务站负责学生日常心理健康服务工作,包括学院心理服务站和校医院心理服务站工作模式介绍。四是成立学校应急处突部门[②]。孙慧认为心理健康教育是大学生全面素质教育的重要组成部分,提出从"教育教学、实践活动、咨询服务、预防干预、平台保障"五个方面构建大学生心理健康教育模式。张凤琴在回顾高校心理健康服务实践后指出,我国高校心理健康服务存在目标定位不明确、心理咨询效率低下等问题,提出建立高校心理健康教育

① 江颖诗. 面向大学生的高校心理健康服务设计研究[D]. 广州:广东工业大学, 2022.
② 赵翠霞. 云南师范大学心理健康服务需求分析及体系设计[D]. 昆明:云南师范大学, 2019.

的分层干预模式,以提升高校心理健康教育工作的针对性和有效性。

此外,还有部分学者从管理视角出发,从学生工作视角分析心理健康工作,从育人角度开展研究。吴卉君依据 CIPP 模式理论,建立了模式指标体系,构建了基于思想政治教育的高校心理健康教育模型,规划了心理健康教育"三全育人"的实践路径,以实现全员、全过程、全方位的心理育人,全面提升高校思想政治工作成效①。李兰提出在全员、全过程、全方位的"三全育人"机制下展开大学生心理健康教育工作"四步走",即全员参与积极普及、全过程引导完善机制、全方位互动形成循环、全面渗透构建模式。胡凯在健康新概念的指导之下,全面考虑对心理健康产生影响的各种因素,提出"生理—心理—伦理—社会"相结合的大学生心理健康教育模式。张大均团队提出心理健康学校社会工作概念,将社会工作专业与心理学相结合,引入社会工作"人在环境中"、增能、优势视角等理念,提出了解决大学生心理健康问题的心理健康社会工作服务模式。闫华、李凡以系统思维的整体性、协同性、开放性原则为指导,提出加强心理健康教育的管理工作、促进育心与育德的统一、提升学校和社会教育的合力,从而提升高校心理健康教育的实效性。徐海娜、赵明辉提出把心理健康教育与思政教育融合发展模式、多元化课堂心理干预模式、心理健康与新媒体教学融合模式相结合,开展高校心理健康教育工作。此外,有学者综合相关研究及实践探索,概括了目前我国心理健康服务方法和途径的基本研究内容,提出了整体性心理健康服务模式——"八维心理健康教育操作模式",也就是通过八个维度开展心理健康教育。具体内容为在心理健康服务课程中大力宣传普及,在专业心理咨询中矫正心理问题,在形式多样的心育活动中训练心理素质,在教学活动中加以渗透,在教师心育过程中得到突破,在家庭教育过程中得以延伸,在丰富的校园环境中熏陶美好心灵,在社会实践大舞台上加以磨砺。

---

① 吴卉君.基于思想政治教育的高校心理健康教育模式研究[D].杭州:浙江工商大学,2018.

（二）我国港台地区高校心理健康服务体系的现状研究

1.香港高校心理健康服务体系的现状研究

香港高校学生心理辅导工作迄今约有 30 多年的发展历史。香港高校普遍设立有相当规模的心理健康服务中心,师生比为 1∶(1 000~2 000)。其工作人员、资料、软硬件设备等各方面都较为成熟完备,心理健康服务中心工作人员会积极拓展工作领域,开展丰富多彩的教育、辅导、咨询及治疗活动,成为学校教育的重要组成部分,对香港高等教育的发展和高层次人才的培养发挥着积极的作用。经过多年的发展,香港高校心理健康工作取得了较大的进步,形成了一套相对完善的工作模式,在心理健康工作宗旨、机构设置、人员配备、活动开展、对外交流与合作等方面积累了成熟的经验。香港高校心理健康服务工作的特点可概括为以下几个方面。

香港高校基于人本主义理论,提出高校学生心理健康服务工作的目标是"全人发展"。他们认为高校不仅要帮助学生发展学业、培养基本技能,还要帮助学生在德育、体育、情感、艺术、社交等各方面全面发展,建立良好的人际关系,培养良好人格,使学生有更强的适应能力,并进一步发挥潜能,成为独立自主的个体,达到自我实现。

香港高校创建学生心理健康服务机构以来,已形成相对完善的服务体系,心理健康服务是学校必不可少的组成部分,这已成为教育者的共识。为此,香港高校有较大的人力物力财力投入,设备现代化程度高、服务内容宽泛,涵盖有心理辅导、发展辅导和事业辅导等。辅导形式有个人辅导、小组辅导和心理测验等。

和内地相比,香港心理健康服务专业化程度较高。他们在从业人员的资质要求、个人能力、专业技能等方面都有十分严格的规定,要求心理健康工作人员必须经过专业化、系统化的培训,并取得心理学、社会工作学等相关专业的学历。香港各高校均配有 3~5 名专职心理健康服务人员,为学生提供专业的心理健康服务。除准入条件要求严格外,香港高校非常注重心理健康工作人员的个人成长及专业成长。如香港城市大学会定期邀请资深的心理专家担任专业督导，为心理健康工作人员提供支持，协助他们处理好个人情绪、工作、生活中的问题。香港心理健康相关的专业学术组织也会为高校心理健康工作人员提供相应的帮助，如香港专业辅导协会经常组织高校心理健康工作人员开展讲座、研讨会、工作坊、小组游戏、情绪疏导等活动，帮助其增强专业能力和提升综合素质。

香港高校强调全员全程育人的观点，认为凡是学校的教职员工均有育人的责任，强化全员均应根据各自岗位特点参与育人工作。因此，香港高校要求教师不仅要传授知识，还应以身作则，为学生树立典范，关心学生全面成长。此外，香港高校普遍重视链接各方资源，共同开展学生心理健康服务。他们认为，在学生心理健康问题日益突出的今天，仅依靠学校内部的力量远远不能满足现实的要求，应整合社会资源，共同开展心理健康服务。例如，香港大学和香港城市大学心理健康工作相关部门就运用网络作为媒介，开展线上心理健康服务。

2.台湾地区高校心理健康服务体系的现状研究

20 世纪 50 年代以前，台湾地区并未开展心理健康服务工作。直到 1954 年，大批返台华侨生在生活和学习上出现了严重的困难，为解决这一现实问题，对其开展专业辅导，帮助其解决情绪、学习、人际、环境适应等问题，取得了较好的成效。这一做法得到了广泛的认可，也引起社会各界高度重视。1968 年，在中学暂行课程中增列了"心理辅导活动"课程，由专业老师任课，每周一课时，该做法对学校心理健康服务的普及起到了极大的推动作用。近年来，为了应对日益突出的青少年心理和行为问题，减少青少年犯罪，弥补教育短板，台湾地区制订了心理健康服务计划——辅导工作六年计划，这对于解决相关社会问题发挥了重要作用。

（三）国外相关研究

国外心理健康服务起步较早，早在 20 世纪 40 年代，美国、日本等国就已经在学校教育中开展心理健康服务工作，现已形成较完整和成熟的体系。

1.高校心理健康服务政策与规范的制定

美国心理健康服务的基本行为规范——《心理学家的伦理准则》主要由美国学校心理学家提供,APA制定。该规范是学校心理工作者在开展心理健康相关服务时必须遵循的基本行为规范。除此之外,高校其他相关专业协会也对学校心理工作者的职业伦理和行为规范制定了相应标准。如国际学校心理学会理事会(ISPA)明确规定了学校心理健康从业人员的工作内容、专业责任、保密原则、监督责任、专业限制、专业能力再成长、测评要求和研究等方面的伦理规范。美国学校咨询者协会(ASCA)颁发了《学校心理咨询师的伦理标准》,明确规定了心理咨询师的资格要求,明确了咨询师对学生家长及学校和专业组织的责任、咨询计划、档案记录标准、保密原则、回避与转介机制、测评要求、团体服务等。美国学校心理学家学会(NASP)制定了《关于提供学校心理学服务的标准》,以此为基础还补充制定了《学校心理学家提供服务的专业大纲》和《职业伦理准则》[①]。此外,美国联邦政府和各州政府也纷纷制定相应政策,为学校心理健康服务的有效开展提供了有力保障。

2.高校心理健康服务工作的资源配置

美国的学校心理健康服务体系是由学校、家庭、社会形成的一体化服务体系,其工作的基础是学校。每所高校都建立了为学业、心理健康、职业选择等服务的中心,这为学生教育和心理健康发展提供了良好环境。其服务机构以学校、社区设置的各种心理健康服务中心为主体,校外的相关专业服务机构、协会组织加以支持与配合[②]。高校提供心理健康服务的专业人员主要有学校心理学家、临床心理医生、精神病医生、咨询员和社会工作者等,专业素质普遍较高,专业能力较强。国外对心理健康服务工作从业人员的要求相当严格,都是具有心理学、社会学、医学等学历背景的硕士或博士,不仅要求有从业资格证书、接受过专业的培训等,还要具备一定年限的从业经验,以此保证心理健康服务人员

---

① 王娟. 美国NASP协会学校心理学家专业标准研究[D]. 重庆:西南大学, 2012.
② 王琳. 重庆市高校心理健康服务体系的现状调查[D]. 重庆:西南大学, 2008.

的职业道德素质、技能水平和服务效果。除专业人员之外,其他教师、行政人员、学生家长、相关专业人员也会共同参加。《美国国防教育法案》(*The National Defense Education Act of* 1958,NDEA)明确指出要通过提供资金,帮助州开通并维持学校心理咨询、测试及其他与指导相关的服务。这使得地方校区增加了对指导与心理咨询服务的资金投入。

3.高校心理健康服务内容

在关于心理健康服务内容方面,美国各高校渐趋一致,都是以学生心理健康服务需求为中心,提供全面的心理健康服务内容,服务形式表现出多样化特征,具体包含有:心理预防与心理卫生、心理咨询、诊断性评价、行为矫正、学习指导、就业指导等。其中,最典型的是美国马里兰州最大的港口城市 Baltimore 总结的心理健康服务模式(Baltimore Mental Health Patterns,BMHP)。该模式不是从管理的角度出发,也不是单纯地教授心理健康知识,而是从学生的心理服务需求出发,提供真正有效的服务,解决实际问题。这种以学生为本、以需求为导向的心理健康服务理念得到众多高校的认可,并在工作实践中被效仿。Kotler 和 Zalman 在 1971 年提出社会营销模式,将心理健康服务看作产品,引入了营销的理念和方法。

总体来说,美国学校心理健康服务内容主要包括心理咨询和心理健康服务两大部分。其中,学校心理咨询服务的内容主要包括咨询、协调、商议、评价和转介,学校心理健康服务则重在评估、商议、干预和预防,学生是其主要服务对象,兼顾家长和教师。1997 年,美国学校咨询者协会(ASCA)颁布了《国家学校心理咨询标准》,对学校心理咨询的对象、内容、目标及基本咨询范畴进行了明确的规定。美国学校心理学家学会(NASP)也颁布了学校心理健康服务的指导性手册,指出学校心理健康服务的目标是遵循发展心理学规律,适当地运用预防、健康提升和危机干预方法,帮助学生实现学业和认知目标。学校心理健康从业人员和相关组织每年要组织学习,提升自身专业素质。相对而言,发展中国家的心理健康服务内容较为单一,基本停留在借鉴测量,为学生学业或问题行为提供指导帮助等初级阶段。与此相对,欧美发达国家的心理健康服务范围更为广泛,表现出综合性、多样化的特点。例如,20世纪80年代初,法国教育部高度重视学校心理健康服务的定向、预防及综合的功能。德国学校心理健康服务除了特殊教育、行为矫治和学业指导外,将学生的职业生涯规划教育与职业指导作为重要内容,具有鲜明的特色。

4.高校心理健康服务工作的管理培训监督

为了确保心理健康服务内容的有效提供,美国、日本等国家十分重视高校心理健康工作人员的专业素养,他们会在专业培训、上岗资格和在职培训等三个方面加以管理监督与控制。专业培训为从业人员的基本专业素养奠定了扎实的专业基础;对上岗资格的严格控制与周期性考核为确保从业人员的基本素质和可持续发展打下了坚实的基础;定期或不定期的在职培训有助于提升心理健康服务专业人员的专业化能力,预防和降低职业倦怠。联合国教科文组织规定,学校心理健康服务工作者必须具有教师资格证书、五年以上教学经验并系统修完心理学教程。在日本,学校心理咨询师必须具备心理咨询临床从业资格,且有丰富的临床经验。这些专业的临床心理工作者和所工作的学校没有人事关系,而是由当地教育局和临床心理学会联合管理,被派遣到指定的学校开展工作,每周在校会有固定的工作时间,待遇直接由教育局负责,业务学习提高和督导则由临床心理学会负责。

美国学校心理学会和美国心理学会学校心理学分会负责认证全国高校心理学家、学校心理学家培养计划。学校心理咨询师的州资格证或国家资格证,必须周期性更新,如每五年一次。美国学校心理学会规定,学校心理学家工作的头三年,每周接受不少于1小时资深学校心理学家的督导,这对督导和被督导双方的专业发展无疑都是十分有益的。美国心理学协会"职业伦理准则"规定,每个学校心理学家每三年必须参加至少75小时的"持续专业发展"活动,诸如在职培训、做专业督导、参与研究、听课和学术讲座、参与学术研讨会等。美国辅导委员会还规定,获得学校咨询员资格者,每 5 年必须完成 100 小时的继续教育,或者再通过全国资格考试才能继续保留学校咨询员的资格。不同国家和地区的学校心理健康服务机构设置不同,比如,美国、德国、加拿大等不少国家通常将其设置在学校内,但英格兰、威尔士、爱尔兰、新西兰、丹麦、以色列等国家和地区的学校心理服务机构则设在社区,旨在兼顾学校及社区两方面的心理健康服务需求。

(四)国外相关研究的启示

1.加强对高校心理健康服务的管理监督培训

国外高校在心理健康管理、监督与培训等方面有非常完善的制度规定,这对高校心理健康服务的规范化发展有着重要作用。心理健康服务工作有着极强的专业性,对于从业人员有着较高的要求,因此,高校心理健康工作人员的准入条件、督导等各个方面都应该有完善的政策。比如高校心理健康工作人员应为心理学、社会工作等专业背景,取得相应的从业资格,还必须接受系统的专业训练,接受相关考核。此外,对比国外,我国大部分高校在从业人员的督导方面不够完善,对从业人员的支持不足。应尝试推行专业规范的督导制,由资深专业人士组成督导小组,为高校心理健康工作人员提供专业督导,为高校心理健康工作队伍保驾护航。

2.以学生心理健康服务需求为导向

心理健康服务必须以学生为本,充分了解学生的需求,突出学生的主体地位。应以服务为导向,而不是单纯地以管理为导向。大学阶段,学生面临着自我成长、学业压力、人际关系、升学、就业等多个人生议题,在遇到挫折时,需要有专业的帮助,使其更好地成长。而当前高校重心主要是心理健康教育,教师发挥主导作用,学生往往是被动接受者,导致学生兴趣不高,参与度低。只有从保证学生真正需求的角度来提供心理健康服务,才能达到真正的效果。

3.通力合作构建高校心理健康服务体系

高校心理健康服务工作必须充分调动学校、家庭和社会各界资源,积极寻求家庭和社会的理解与支持,加强与校际之间、政府部门、社会组织的合作。同时,高校心理健康服务机构需要与学校内部各部门沟通协作,整合资源,把心理健康服务工作渗透到教学、管理、校园文化建设等各方面,最终促进高校心理健康服务工作的有效开展。

三、以往研究的启示与不足

通过对国内外相关文献的梳理,关于高校心理健康服务体系的研究取得了一定进展,但是还存在以下几个方面的不足。

(一)当前的研究是以心理学单学科视角为主, 缺乏多学科整合

当前的研究以心理学单学科视角为主,管理学、社会学、教育学等学科融合不足。当前心理健康服务也主要由心理教师提供,社工、思政教师等其他教育主体参与协作不够,且缺乏校地合作。在创新社会治理体系语境之下,心理健康服务不只是心理咨询与辅导,其外延更加广泛,应进一步拓展传统心理健康工作领域,加强学科之间的整合。

(二)缺乏对学校整体心理健康服务体系的构建和实践研究

当前对心理健康服务体系没有系统的、权威的界定,国内研究主要聚焦于微观的心理健康教育及心理干预,缺乏对学校整体心理健康服务体系的构建和实践。心理健康教育和心理干预都只是高校心理健康服务体系的一部分,应进一步明确和构建高校心理健康服务体系的内容,从大心理健康观的角度出发,构建全方位立体化的高校心理服务体系。同时,高校心理健康服务模式的探索还需要进一步深入,对政策的制定、路径的探讨还需要深化。

(三)研究内容较为零散,研究结果不成体系

之前的研究大多侧重于高校心理健康服务体系的某一个方面,针对高校心

理健康服务体系的政策、制度以及法律问题涉及很少,研究不成体系,不够全面。从国外高校心理健康工作的发展历程来看,要更好地促进高校心理健康工作发展,适应现实需要,应该开展更系统的研究,为高校心理健康工作助力。尤其在当前学生心理问题频发的状况之下,更应该加强高校心理健康服务的研究及实践。

(四)定性研究多,定量研究少,系统深入研究不够

以前对于高校心理健康服务体系的研究更多的是定性描述,定量研究很少。并且深入研究比较缺乏,较多的是现状描述。采用的研究方法也主要是文献分析法、经验总结法或者是非系统的调查法,得出的结果多是描述性、片段性的,不能得到我国心理健康服务体系现状的全貌。

四、本书的意义

(一)理论意义

本书视角从个体转向群体,从单学科到多学科整合,探讨在共建共治共享的社会治理格局下,高校心理健康服务体系的时代意涵,拓展传统心理健康服务研究范畴。根据高校心理健康服务体系的含义,将高校心理健康服务体系分解为若干要素,对各个要素、要素间关系,要素和系统间关系进行现状调查,并展开分析,为理论研究的开展提供资料,为对策研究奠定基础。

(二)实践意义

一是构建符合中国国情的高校心理健康服务体系,构建符合学生需求的心理健康服务内容,创新心理健康工作方法,促进大学生心理素养的提升,降低大学生心理问题的发生率。

二是对当前高校心理健康工作开展调查研究,了解高校心理健康工作中存在的不足,提出高校心理健康服务体系的构建以及实践策略,为高校心理健康

工作的开展提供一定的参考。

三是学校、社区、企业、医院共同构成社会心理服务体系建设的四大主要阵地,有利于高校社会心理健康服务体系的研究和实践,完善社会心理服务体系的建设,为健康中国战略助力。

第三节　研究设计

一、研究目标

探讨在创新社会治理的语境之下,高校心理健康服务体系的时代意涵,从跨学科的角度,整合分析高校心理健康服务体系建设的理论框架,构建 IM-SAFER 多元主体协同干预体系。

通过高校 IM-SAFER 多元主体协同干预体系的实践,总结实务经验,并提出相关政策建议,为高校心理健康服务体系构建提供路径参考。

二、研究思路

以跨多学科知识为基础,基于理论研究、实证研究、行动研究范式,梳理社会治理语境下高校心理健康服务体系内涵,了解高校心理健康服务体系建设需求、现状、问题,进而构建多元主体协同参与的高校心理健康服务体系,并在试点院校开展行动研究,总结高校心理健康服务体系实践路径,为其他高校心理健康服务体系建设实践提供智慧支持和决策依据。

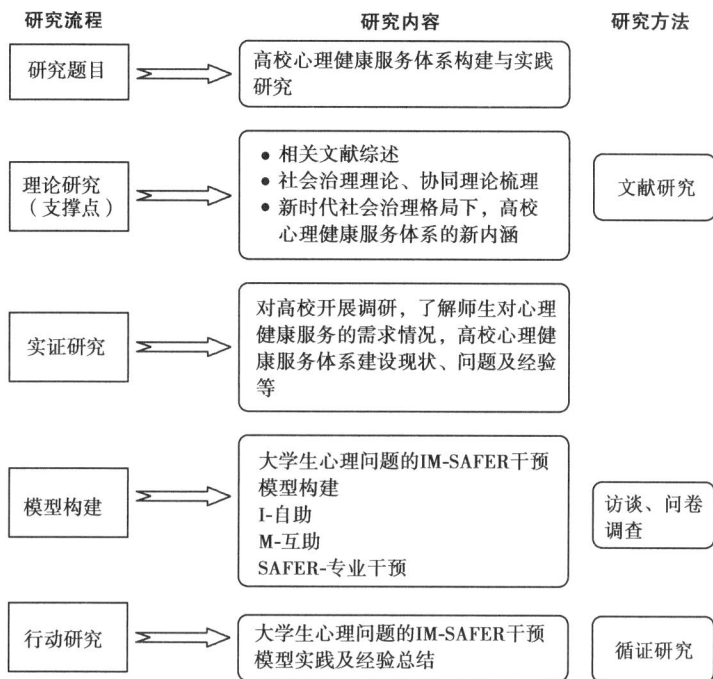

研究流程	研究内容	研究方法
研究题目 ⟹	高校心理健康服务体系构建与实践研究	
理论研究（支撑点）⟹	• 相关文献综述 • 社会治理理论、协同理论梳理 • 新时代社会治理格局下，高校心理健康服务体系的新内涵	文献研究
实证研究 ⟹	对高校开展调研，了解师生对心理健康服务的需求情况，高校心理健康服务体系建设现状、问题及经验等	
模型构建 ⟹	大学生心理问题的IM-SAFER干预模型构建 I-自助 M-互助 SAFER-专业干预	访谈、问卷调查
行动研究 ⟹	大学生心理问题的IM-SAFER干预模型实践及经验总结	循证研究

三、研究假设

一是大学生心理问题的解决需多元主体协同。随着时代的变迁、社会的发展，当代大学生面临的心理问题呈现了新的特点，不再单纯是大学生个人的问题，而是受社会、家庭、学校等整个系统的影响。单纯依靠心理咨询师的力量很难应对，需要调动学校内外的其他相关主体有机合作，如校外的专业医疗机构、专业心理咨询机构、家长、社区等，校内的社工、辅导员、专任教师、学生志愿者等，促进大学生健康、全面发展，构建和谐校园。

二是大学生心理健康工作需要构建全方位立体化的体系。大学生心理健康工作不只是对已经出现心理行为问题的学生开展心理咨询。应该用积极发展理念替代病理学理念，从时间维度上，开展科普宣教，监测和预警、干预与疏导、心态培育的全流程管理，空间维度上，注重由微观到宏观的社会心理服务模式,才能有助于大学生心理问题的解决,提升心理素养,培养积极心理品质。

四、研究方法

文献研究法:通过对有关心理健康服务体系的著作和论文、统计数据、调查报告、高校心理健康工作总结及政府政策文本等文献资料进行收集和整理,比较与分析,理清课题思路。

实证研究法:通过深度访谈、问卷调查等方法,对高校心理健康工作人员、学生开展调研,了解大学生对心理服务的需求情况,高校心理健康服务体系建设现状、问题及经验等。

行动研究法:选择试点院校,开展行动研究,并根据实践情况,对高校心理健康服务体系进行修正,进一步提炼高职院校心理健康服务体系内容及实践路径,并提出相关的政策建议。

第二章

大学生心理健康现状及问题

按照发展心理学的分类,大学生普遍处于青年期(18~35岁,又称成年初期)阶段。个体在进入18、19岁后,生理上逐渐成熟,但心理成熟和社会生活成熟的时间则相对较晚(一般在30~35岁)。青年期是生机盎然的,是充满希望的,作为介于少年期和中年期之间的一个人生阶段,它在人的一生中起定位作用并决定着人的发展方向。

大学阶段是学生从青春期到青年期的过渡时期,是接受和完成系统正规学历教育的黄金阶段,也是为大学生正式步入社会做准备的时期,是人生发展的关键期。因此,对处于该阶段的大学生,需要充分结合其所面临的主要任务,分析其心理健康现状、主要问题及原因,有针对性地开展好心理健康教育工作。

第一节　大学生心理健康的现状

一、大学生心理发展的基本特征

要了解大学生心理健康现状与问题,首先要了解大学生心理发展的基本特征。

（一）大学生认知发展的特点

1.大学生思维发展的外在条件和任务

皮亚杰认为,智力的实质就是适应。智力的发展是一个适应的过程。对于大学生而言,就是要不断适应新的客观环境。在大学之前,个体的主要任务是通过学习提升与社会文化有关的知识、技能与素质,达到对社会的适应,即实现社会化。与大学阶段相比,个体在幼儿园、小学、中学阶段的学习,所处的客观环境通常更多受成年人(家长、教师等)的保护,适应内容相对单一。而进入大学以后,个体逐渐脱离成年人的保护,需要进一步通过独立学习与实践,获取更多的与社会文化有关的知识和技能,以及做好迎接事业、婚姻、家庭等诸多社会生活新挑战的准备。因此，与小学生、中学生相比，大学生的发展任务更侧重于如何为即将承担和履行的各种社会责任和义务，做好充分的准备。这种准备既包括知识上的，也包括技能上的，还包括道德上的。正因如此，才使得他们的思维特点与青少年时期相比有很大不同，不再是以形式逻辑思维为主，而是在思维上呈现出辩证的、相对的、实用性的特点。

2.大学生智力表现的一般特点

大学生的智力发展基本成熟。与此同时，由于其发展任务对知识的应用要求更高，因此，大学生的智力在基本保持稳定的同时，仍在向高一级水平发展。例如，个体在观察力方面，既能把握观察对象全貌，又能深入把握细节；在记忆力方面，机械记忆能力变化不大，有意记忆、理解记忆占据主导地位，记忆容量也很大，逻辑记忆能力达到发展的高峰期；在想象力方面，个体的想象更贴近实际功用。

总的来说，大学生个体的大多数智力成分在质和量的方面均在发展并达到成熟，同时由于个体的自我意识高度发展，使其思维发展高于前几个人生阶段，特别是在解决问题的思维策略方面。

3.大学生的思维特点

与前几个发展阶段相比，随着适应任务的变化，大学生的思维方式逐渐由以形式逻辑思维为主转为以辩证逻辑思维为主。这种变化的重要原因之一，是个体逐渐意识到对同一个对象可能存在多种不同的观点，即所谓"仁者见仁，智者见智"，同时也理解到解决问题的方法并非只有一个，而是"条条大路通罗马"。此外，大学阶段也是孕育创造性思维的重要时期，这种思维将为后续进入社会生活，为人类积累和发展文化财富奠定重要基础。因此，有意识地培养和锻炼大学生的与创造性思维有关的思维能力，将对促进其创造性思维的继续发展、完善及呈现具有重要意义。而这也是近年来大学教育鼓励大学生勇于创新、善于创新的重要原因。

总的来说，由于自身生理功能的成熟，积累知识、技能的增加，以及社会适应任务的变化,大学生在认知方面取得了新的发展,为即将进入社会获得自身良好发展以及为社会做贡献奠定了基础。大学时期是人生的关键时期,由于大学生面临诸多任务与挑战,受各种因素的影响,如果应对不当,就有可能会产生相应的心理健康问题。

(二)大学生自我的形成

1.大学生自我意识的发展

个体的自我意识是一个不断发展的过程。到了大学阶段,这种对自我的关注更加强烈,开始经常思考"我是谁""我能做什么""人生的意义是什么"等问题。

为什么大学阶段个体的自我意识处于高度发展时期呢? 一是身体的成熟引发对自己身体、内部欲求等关心;二是人际圈的相对扩大导致容易将自己和他人进行比较,关注自己的能力和天赋等;三是自身认知能力的发展引发自己对人生意义等有关自我问题的思考更多。

大学阶段,个体的自我概念开始具备复杂的多维度、多层次的心理结构,个体更加关注自我评价;自我体验更加深刻与敏感,体验内容也更加丰富;自我控制的重要性凸显,个体容易出现强烈的自我改变意愿及意志品质滞后的矛盾。这些说明大学生的自我意识在不断发展,同时也可能因为出现偏差而影响其心理健康,以及影响自我的发展走向。

影响这一过程的因素有很多,包括在生活中积累的经验,来自社会及他人的评价,以及自身独立意识的发展等。

2.自我同一性的确立

埃里克森将人生历程分为八个时期(表2.1),每个时期都有其特定的心理、社会发展课题。发展课题的完成、危机的解决,会促进积极品质的产生;反之则会产生消极的品质。

表 2.1 埃里克森的人生历程八阶段

序号	阶段	年龄	发展任务
1	婴儿前期	0~1.5 岁	信任—怀疑
2	婴儿后期	1.5~3 岁	自主—羞耻
3	幼儿期	3~6 岁	主动—内疚
4	童年期	6~12 岁	勤奋—自卑
5	青少年期	12~18 岁	角色同——混乱
6	成年早期	18~25 岁	亲密—孤独
7	成年中期	25~50 岁	繁衍—停滞
8	成年后期	50 岁后	完善—失望、厌恶

埃里克森认为,个体进入青年期的发展课题是确立自我同一性,防止同一性的扩散,其主要任务是克服发展成长期中价值混乱和冲突,逐步形成稳定的价值观念并达成自我同一的实现,之后的发展课题是获得亲密感以避免孤独感等。

虽然大学生在年龄上已达到成年人的标准,但由于尚在求学阶段,大学生处于心理的延缓偿付期,可以暂时延缓自己应当承担的责任和义务,通过各种学习和实践,掌握本领。大学生可以利用这一时期接触、选择相应人生观、价值观,并检验这些内容是否符合自己。经过循环往复,决定自己的人生观、价值观及将来的职业等,最终确立自我同一性。

当大学生毕业踏入社会后,心理的延缓偿付期结束,就开始被看作一个能独立履行社会责任和义务的主体,参与工作、交往、婚育等社会活动,以期以最充分的状态进入社会。个体需要在自我同一性得到巩固的基础上获得共享的同一性。而获得了共享的同一性,就可能收获美满婚姻而获得亲密感。而发展亲密感对个体是否能满意地进入社会具有重要意义。

自我意识的发展和自我同一性的确立是大学生重要的发展任务。而受多种因素影响,大学生在自我的发展进程中容易出现自我评价偏差、自我接纳水平偏低、自我控制能力不足等问题,这需要高校心理工作者给予关注。

(三)大学生人生观与价值观的形成与稳固

人生观是个体对人生的看法,是指对人生的目的和意义的根本看法和态度。大学生正处于人生观的形成—稳固时期。在这个时期,大学生非常迫切和认真地思考诸如"人应该怎样去生活""什么样的生活才是自己所期待的生活""人生的价值是什么"等与人生密切相关的问题。在这个过程中,他们也不断地对人生进行各种探索。

价值观,是指人们对客观对象的意义、作用、效果和重要性的评定标准或尺寸。它是推动并指引人们做出决策和采取行动的核心因素。价值观也是在个体社会化的过程中逐渐形成的,同时与自我的发展密切联系、相辅相成。

大学生的人生观、价值观的形成,将会有助于其人格的整合与完善。因此,我们将"立德树人"作为高等教育的根本任务,就是要通过教育,助力大学生树立良好的人生观、价值观。

(四)大学生的社会性发展

1.社会交往心理

大学生离开熟悉的环境,到大学校园里开始集体生活。同时,相对于中学时期繁忙的学习,大学的生活范围更加广阔。而随着大学生在心理上面临"亲密—孤独"的发展任务,其人际交往范围扩大,开始学会深化体验人际关系的内涵。他们普遍渴望友情、爱情,但有时觉得自己一片真心待人,却得不到别人对等的回报,体验到失望、迷茫和孤独等情绪。在大学心理咨询中心前来咨询的来访者中,有不少大学生表示:自己非常渴望在大学里交到好朋友,却发现真的好难。社会交往问题是让大学生感到困扰的主要问题之一。

2.恋爱和性心理

进入大学阶段,个体的第二性征普遍发育成熟。第二性征的出现促使了性的觉醒,引起个体对异性、性问题的关心和兴趣,促进了性意识和异性观的发展。而进入大学的高年级阶段,男生女生普遍达到国家的法定结婚年龄,再加上社会舆论、家庭等各方面因素的影响,有了对婚姻问题的思考。在婚恋方面,当今大学生涌现出了多种观念,比如:关注异性,期待得到异性的关注,渴望"脱单";不想谈恋爱,觉得谈恋爱没意思;只想谈恋爱但不想结婚、害怕结婚等。

二、大学生心理健康现状

在明确大学生心理发展基本特征的基础上,我们通过查阅文献、走访高校心理健康教育工作者、辅导员,以及在大学生中开展深度访谈等方式,对当前大学生的心理健康现状进行了梳理。总的来说,大学生心理健康现状呈现出如下的特点:

(一)大学生对心理健康日益重视

近十年来,随着全社会对大众心理健康的关注,以及高校心理健康教育工作的深入开展,与早些年大学生对心理健康还不甚了解,甚至部分同学还排斥心理咨询,认为去看心理咨询就是有病等情况相比,现在大学生对心理健康的重视程度普遍增加。认真上心理健康教育课、课余查阅心理学有关资料、有情绪困扰时主动预约心理咨询老师,已成为不少同学的常态。

(二)大学生的总体心理健康状况良好

当前高校对大学生心理健康工作高度重视。新生入学时,会进行全员心理健康建档,一般通过心理测评了解每位学生心理健康基本情况。用于测评的量表主要有:症状自评量表(SCL-90)、艾森克人格问卷(EPQ)、卡特尔16种人格因素测验(16PF)、大学人格问卷(UPI)等。对测评结果显示可能有心理危机的同学进行约谈,开展进一步的工作。此外,大多数高校每年还会对其他年级大学生进行日常心理普查,主要采用焦虑自评量表(SAS)、自评抑郁量表(SDS)或者贝克抑郁量表(BDI)等。根据高校新生心理建档和日常心理普查的情况来看,大学生的总体心理健康状况良好。2023 年,中国科学院心理研究所、社会科学文献出版社联合发布了《2022 年大学生心理健康状况调查报告》,该报告涵盖了对山东、河北等 31 个省(自治区、直辖市)近 8 万名大学生的调查。调查显示,我国大学生对生活"基本满意"及以上的人占比为 74.10%,很难评判自己生活是否满意的为 17.24%,仅有少部分大学生对生活不满意(8.66%)。我国大学生心理健康总体状况良好,对生活的满意度较高。

(三)大学生心理健康问题仍不容小觑

根据高校心理咨询中心教师的反映,虽然大学生总体心理健康水平良好,但受各种主客观因素影响,心理健康问题仍然普遍存在,不容小觑。主要问题有:(1)缺乏人生规划,易变动。大学生在入学时对自己的未来充满期待,但未及时根据社会现实和自身特点制定恰当的远期、中期、近期目标,导致行动缺乏计划性,容易受他人影响。(2)个人自控力不强。大学生正处于校内学习和投入社会生活的过渡时期,由于自身自我意识尚未最终形成,加上自身生活阅历有限等原因,有时对人生充满斗志,有时又容易因为一时的受挫而失落和懈怠。同时,大学生活与学业繁忙,与相对单纯的中学时期相比,面临的诱惑更多。渴望自己成长成才,但自控能力又不足,导致"眼高手低"。(3)焦虑和抑郁情绪比较常见。由于近年来大学扩招,与 20 世纪 80 年代、90 年代的大学生相比,现在的大学生已能清楚地感受到自己不是"天之骄子",进入大学也不再是进入避风港,大学生就业难等问题比较突出,再加上受 2020 年以来新冠疫情的影响,全球经济形势严峻,更是让不少大学生感受到了较大的压力,也产生了焦虑情绪。2023 年,中国科学院心理研究所发布的《中国国民心理健康报告(2022)》显示,约 21.48% 的大学生可能存在抑郁风险,45.28% 的大学生可能存在焦虑风险,青年为抑郁的高风险群体。此外,在高校心理普查和生活实际中,也发现有部分大学生有明显的抑郁情绪,有的已经确诊为中、重度抑郁症,影响了自身正常的学习和生活,甚至出现自杀意念或行为。这些需要自身积极配合治疗,也需要学校予以重点关注。

（四）不同类别大学生在心理健康水平上可能存在差异

虽然大学生总体心理健康状况良好，但研究者也发现，不同类别的大学生可能在心理健康水平上存在差异。2020年，赵嘉路、陈峰等研究者对清华大学、上海理工大学等高校大学生心理健康状况的研究表明，在疫情下，大学生的心理健康水平在性别、是否毕业班、家庭状况等方面有显著性差异。女生、家庭收入相对较低的学生、毕业班学生在抑郁、焦虑上的得分相对较高，心理健康状况相对较差。这提示高校要重点关注这类大学生，有针对性地开展好心理健康教育。中科院发布的《2022年大学生心理健康状况调查报告》显示，不同学校、户籍和学段的大学生之间的心理健康状况有显著差异。非农业户口的大学生抑郁焦虑风险均显著高于农业户口，重点院校学生抑郁焦虑风险比非重点院校学生更高，本科生的抑郁焦虑风险显著高于专科生。当然，由于取样的大学生数据不同，其他地区的大学生可能是在其他分类上出现心理健康水平的显著性差异，这就需要所在高校能够客观分析本校学生的心理普查大数据，进而采取有针对性的心理干预。

（五）主要心理问题呈现出阶段性和普遍性相结合的特点

大学生面临的主要心理问题，呈现出阶段性和普遍性相结合的特点。通常情况下，大一学生刚进校时主要是适应方面的问题，比如对新的生活环境、大学人际关系，特别是宿舍关系、大学授课和学习方式等的适应；毕业年级更多表现为就业焦虑，包括对未来的迷茫和不确定，以及学业压力，特别是参加专升本考试或者研究生考试的压力；而人际关系问题，包括恋爱关系、宿舍人际、亲子关系问题；还有一些情绪问题等则具有普遍性，贯穿学生成长的始终。阶段性问题与学生当下所面临的发展任务有关。对于一些普遍性的问题，比如情绪问题，特别是长期的抑郁情绪问题，和其家庭背景、父母教养方式密切相关。许多学生情绪问题与人际关系问题相关，而这些问题又同时与自我认知相关，形成交叉影响。

（六）受多种因素影响，家庭因素不可小觑

大学生的心理成长受到内外部因素的影响。包括大的社会环境(社会价值体系)、教育理念,原生家庭的影响(父母关系、亲子关系,经济基础),学生个体的心理素质(人格倾向),以及现实压力等,都可能会对大学生的心理健康造成一定影响。

其中,越来越多的研究者和高校心理学工作者发现,家庭因素对大学生心理健康有着重要影响。从对西部地区 12 所高校心理咨询中心工作人员的访谈中了解到,家庭因素是影响大学生心理健康的主要原因之一。此外,在赵嘉路等对清华大学学生的研究中也发现,在面临压力情境时,大学生父母关系越好,与父亲或与母亲关系越好,心理健康状况就越好[1]。而在实际的心理咨询中,研究者也发现,来访者的心理困境往往与其原生家庭有很大关系。如有的女生从小被父母忽视,缺乏安全感,这种心态一直影响到她现在的人际交往,导致其在大学期间和同学交往患得患失,难以交到真正的好朋友。还比如有的同学已经被医院确诊为抑郁症,按照医嘱需要持续服药进行治疗,但父母对其病症不理解,不愿意支持其继续服药,导致子女虽自身有强烈的治疗意愿,却因经济原因无法坚持服药治疗,影响了抑郁症的改善。进入大学后,虽然大学生在读书期间离开了父母,但是家庭的良好氛围、父母与子女之间的良好互动,仍是支持子女前进的动力。特别是在子女遭遇疫情隔离、考试失败等巨大压力时,父母的关心、信赖与鼓励,都将促进其情绪的稳定化,促进其更好地应对压力。

（七）大中小学一体化心理健康教育体系尚未成熟

虽然大学新生入学后有心理建档,之后每年也会进行心理健康普查,但由于当前大中小学一体化心理健康教育体系尚未建成,高校对大学生入学前的心理健康情况并不了解。因为心理测评仅仅是帮助学校了解大学生心理健康水

---

[1] 李焰, 张国臣. 精研互鉴 育心育人：大学生心理健康教育研究[M]. 沈阳：东北大学出版社, 2021.

平的一种工具,所以仅仅凭入学后的心理健康测评情况,还不足以完全了解大学生的心理健康水平。也出于各种不同的原因,有的学生可能在本次测评中并没有表现出分数上的异常。而在实际工作中,由于高校学生人数众多,心理咨询中心老师一般只有几名,心理咨询老师一般也是仅对测评表现出异常的同学进行个别约谈,无法与更大范围的学生进行深入的沟通。还有的则是在大学生入学后因为宿舍人际关系、恋爱等方面产生一些凸显的矛盾或纠纷,学生表现出一些与其他同学不同的反应后,学校辅导员在处理问题的过程中将其推荐到心理咨询中心约谈,才知道该学生在初高中阶段就确诊过抑郁症或者双相情感障碍等,造成学校工作非常被动,而且这种"带心理问题入学"的学生比例近年来有上升趋势。个体的心理健康水平是一个连续发展的过程,学生就读小学、中学、大学期间的心理健康档案应当和身体健康档案一样重要。构建大中小学一体化心理健康教育体系,实现学生中学阶段心理健康档案信息化以及与大学阶段的有效衔接,非常有必要。

第二节　当前大学生主要心理健康问题及原因

围绕大学生所处的发展阶段,以及所面临的主要任务,通过查阅文献、走访调研高校心理健康教育工作者、辅导员,以及对大学生进行深度访谈,我们发现当前大学生主要面临以下心理健康问题:

一、大学生的适应问题

适应问题是大学生常见的心理问题之一,主要发生在一年级新生当中。新生需要在以下方面进行适应:一是环境上的适应,离开熟悉的家乡,来到陌生的城市,需要适应不同的生活环境;二是人际关系上的适应,适应陌生的同学、老师,特别是宿舍人际关系,与来自不同地方、生活习惯和性格迥异的几个同学住在同一个屋檐下,朝夕相处,需要适应;三是学习上的适应,大学期间的学习与高中时期有很大差异,高中时基本上是家庭—学校两点一线,主要任务就是学习,老师和家长在催着你学,自己学习的目标也很明确,就是考上理想的大学。而进入大学后,发现自己暂时没有了人生目标,同时大学排课也比较松散,没有老师和家长催着自己上课和完成作业,对学生的自我管理能力要求更高,对于习惯有人安排和督促的学生而言,可能会感到无所适从。比如某大学一位新生在日记中写道:"秋高气爽的九月,怀着美好的憧憬,从宁静的小镇来到省会的这所学校,开始了我的大学生活。刚开学,失落感便接踵而至,出现在我眼前的是一个与过去完全不同的世界。吃饭在集体食堂,睡觉在八人间的集体宿舍,上课在上百人的大教室。我从小到大从未离开过父母,自理能力差,依赖性很强,第一次体会到万事靠自己的艰辛。"

个体进入大学后,面对生活和环境的新变化,有可能会暂时出现适应不良的现象,这是成长过程中不可缺少的经历,也是一种正常的现象。通常情况下,随着个体的努力,以及时间的推移,这种不适应会慢慢消失。但是大学生如果没有恰当应对,这种适应不良就会持续下去,发展为大学生的心理健康问题。

健康心理学家提出了生活事件的概念。生活事件是指对个体生活可能产生影响的变化性事件。生活事件是多样的,可以是个体所面临的一些突发性事件,比如疫情、地震、战争等,也可以是一些日常生活中的经历,比如升学、结婚、生病等。生活事件会给个体带来压力,个体应对这些压力的过程被称为应激。生活事件不一定是指地震、离婚、受伤等看起来负面的事件,诸如升学、结婚、职位升迁等正性事件,也可能会给个体带来较大压力。Holmes 和 Rahe 编制了《社会再适应评定量表》(Social Readjustment Rating Scale,SRRS)。在这个量表中,我们可以看到生活事件的影响。一个生活事件所得到的"生活转变值"越高,它对个体的影响就越大,[①]如果应对不当,就可能造成严重的心理问题。因此,大

---

① 侯玉波. 社会心理学[M]. 4 版. 北京:北京大学出版社,2018.

学新生入学,其实也是一个生活事件,它一方面意味着学生可以进入更高更广阔的平台学习,孕育着希望和机遇;而另一方面,也可能因为新的变化给学生带来较大压力。

除了入学这个生活事件本身可能会给大学生带来压力之外,缺乏足够的社会支持,大学生自身对适应的认知有偏差,以及应对方式不当,都有可能导致适应问题。

二、大学生的学习问题

与高中阶段相比,进入大学后,同学们面临的学习任务有了很大的变化:

一是奋斗目标的转变。高中阶段,在家长和老师们的期望和引导下,同学们的奋斗目标往往比较清晰,比如考什么大学,或者就读哪个专业。但进入大学后,身边没有了管束,面对的道路更为广阔,却往往在奋斗目标上感到迷茫了。比如,一位大学新生在日记中写道:"高中三年,就好像是在黑夜中走路,只能看到远方一点灯火,就向着那个方向走去,心无旁骛。然而等到了灯火辉煌的地方,却突然发现这个时候天亮了,周围的一切都能看得清清楚楚,远处也没有灯火了,这个时候反而不知道往哪里走了。"

二是教学管理方面的转变。进入大学后,同学们会发现与高中阶段在学习环境、教学管理、课时安排、考试等方面都有很大差异。大学期间的教室和座位都不再固定;排课时间也很有弹性,有时一天满课,有时一天都没有安排课;任课教师上完课就离开,不会像高中老师那样天天在耳边唠叨;大学期间的课程学习内容很多,可是教学时间很短,考试要想取得好成绩,更需要学生自己的努力。

三是自身心态的转变。在高中阶段,同学们的学习目标很明确,对繁忙的学习生活有充足的心理准备,认为从早到晚投入到学习中是一件很正常的事情。而父母和老师为了激励孩子努力考上理想的大学,通常会告诉其进入大学后将面临多么丰富多彩的生活,为其描绘非常美好的蓝图;再加上各种社会舆论对大学生活的渲染,当同学们就读大学后,通常会觉得自己苦尽甘来,应该好好享受大学生活。于是,与高中阶段相比,对学习的重视程度降低,愿意在学习上花的时间减少。同时,大学提供了更为广阔的活动平台,同学们可以参与多项社团活动、社会实践活动,也有部分大学生因为感受到经济的压力、就业的压力或者想提前为未来进入职场作好准备,在课外花了不少时间从事兼职等,这些都引起了同学们在大学学习期间心态的转变,也有可能造成学习问题。

学习目标、学习态度和学习方法是大学生拉开学习差距的重要因素,大学期间的学习更需要自律。学习目标不明确、动力不足、态度不好、方法不当,构成了大学生学习的主要问题。大学期间的学习,也是困扰大学生的一个常见心理问题。大学生的学习问题,在低年级时期通常伴随着新生适应问题,高年级时期则与就业创业等问题交织。因此,要解决好大学生的学习问题,一方面需要大学生自身的努力;另一方面,也离不开社会舆论的正确导向,以及辅导员、专业课教师、心理咨询老师、学校负责就业创业指导老师等的指导与帮助,甚至学长学姐、优秀校友等的正面引导也是非常有必要的。

三、大学生的人际关系问题

良好的人际关系是大学生成长与社会活动过程中的重要组成部分,也是关系其心理健康的重要因素。建立融洽的人际关系,是大学生们的期待,同时对不少大学生来说似乎也是个难题。通过调研发现,大学生普遍存在着人际关系问题。在对大学生的访谈中发现,随着大学生自我意识的增强,且进入大学后活动空间的增加,他们对外界的关注增多,普遍有较为强烈的交友意愿,希望能以真心交到知己。但在这个过程中,由于一些原因,往往会面临挫折和打击,然后又退缩,把自己封闭在自己的小世界中,以保护好自己。开放性和闭锁性共存是大学阶段的主要特点之一。大学生的人际关系问题,一方面是客观条件造成的,另一方面也是受主观条件的影响。自卑、缺乏安全感、社交技能欠缺是造成大学生人际交往问题的主观条件上的主要原因。

在大学生人际关系问题中,最为突出的是宿舍人际关系问题。宿舍人际关系问题是导致同学之间发生矛盾的主要问题之一,也是高校辅导员经常需要调解和处理的、让他们头疼的问题。在大学的心理咨询室中,因为宿舍人际关系不佳前来咨询的个案不在少数。以宿舍关系为例,来自不同地域、性格和生活习惯迥异的同学在同一个宿舍中相处,宿舍的活动空间非常有限,且大家洗漱、休息均要在宿舍中进行,室友之间互动多,相互之间容易受到影响。一方面可能会因为曝光效应(即随着接触次数的增加而增加对对方的喜欢)增进大家的感情,而另一方面也可能容易导致同一个屋檐下的矛盾。比如一位同学说:"我喜欢规律的生活,一般晚上十点半上床睡觉,早上七点半起床。可是室友总是玩到很晚才休息,而且还喜欢在寝室里大声说话,上午如果没早课,他们就会睡到很晚才起来。我睡眠浅,他们晚睡会影响我休息,而我起得早,虽然尽量减小开门、走路等声音,但是他们还是觉得我吵,我觉得跟他们格格不入。"还有的同学反映室友不爱干净,老是把东西乱放,还乱扔垃圾,影响了公共区域的卫生,室友多次劝说不听,仍然我行我素。生活习惯、性格上的差异,还有以自我为中心的心态,都容易导致宿舍关系问题。其实宿舍关系问题只是大学生将来进入社会后在社会关系问题中的一个小缩影。如果能够正视和解决问题,不仅能够收获难得的友情,还为大学生将来顺利适应社会提供了有利的成长契机。

四、大学生的就业创业问题

大学生就业创业问题是大学生,特别是高年级大学生常见的心理问题之一。如何规划自己的职业生涯,是选择继续深造(本科学生考研,或者专科生专升本),还是先就业,怎样找到合适的工作,怎样面对实习中的困难,创业资金缺乏、创业过程中困难重重等,都会成为困扰他们的问题。特别是受 2020 年以来的三年新冠疫情影响,就业形势让大家感到更为严峻,也加重了大学生对未来的焦虑。毕业生就业创业问题关系到大学生的发展、学校的人才培养质量,也事关稳定和社会经济的发展,是全社会关注的焦点,也是政府的工作重点之一。

总的来说,大学生的就业创业心理是积极健康的,但我们仍可以从中看出大学生还存在茫然、焦虑、眼高手低、"慢"就业等现象。

大学生就业和创业方面主要的心理问题有:(1)从众心理。大学生的人格尚未成熟,容易受外界观念影响,再加上未真正进入社会,对社会的就业创业形势并没有认识清楚,对自己的真正需求不太明确,也没有制订适合自我的职业生涯规划目标,在求职和创业中容易随波逐流。比如有的大学生看到周围很多同学都去考研或者考公务员,还没有了解自己的实际情况,就跟风去考;还有的大学生没有分析自己的优势,看到别人做电商赚钱,也跟风在淘宝开店或电商直播,这有可能造成时间和经济上的损失。(2)功利和攀比心理。我国正处于经济社会的转型时期,不少大学生的择业观和价值取向受到了多种社会思潮的影响,在就业岗位、就业地区等的选择上呈现出了明显的功利性色彩,不愿从事苦、脏、累、险和个人认为有失体面的工作。此外,大学生不顾自我的实际需求和用人单位对人才的需求而盲目攀比,想"一口吃个大胖子",也容易导致自身定位不准,眼高手低,结果错过许多真正适合自己的工作机会,不利于长远发展。(3)依赖心理。部分大学生从小养尊处优,缺乏社会经验,习惯于依赖自己的父母、亲朋好友帮自己找工作,将工作机会完全寄希望于别人。一方面,如果靠家长获得了好的工作机会,但由于自己的独立性与主动性不足,就容易影响长远发展,因为家长不可能陪自己一辈子,我们也无法保证自己后面不会再遇到困难;另一方面,如果父母或亲朋好友没有帮自己找到合适的工作,则容易导致大学生产生埋怨情绪,也会阻碍自身发挥主观能动性。(4)自身知识与能力、素质储备不足。劳动者必备的核心技能有三类:分别是基础就业技能、思维技能,以及个人品质。其中,基础就业技能侧重于读、写、算、说和听的能力;思维能力则以判断能力、创造力和学习能力等为主;个人品质则看重诚信、友善、勤奋、富有责任感和团队精神等。当然,由于大学生缺乏工作经验,用人单位招聘时更多是关注大学生的发展潜力,比如是否具备良好的学习能力、适应能力、沟通能力,以及良好的个人品质等。如果大学生自身知识、能力、素质储备不足,没有让用人单位看到你良好的发展潜力,那么也很难找到自己心仪的工作。

当然,造成大学生就业创业心理问题的原因是多方面的。但总的来说,缺乏对就业市场的准确认识和对自己的准确定位,大学生自身就业观念的偏颇,以及知识、能力准备不足等,导致了现在普遍存在的大学生"慢"就业现象,也导致了大学生在就业创业中的诸多心理问题。

五、大学生的恋爱与性心理问题

性发育成熟是大学阶段的重要特征。青春期个体所萌发的对性及异性的好奇,到了大学阶段逐渐发展为一种强烈的愿望。并且由此开始,个体将对某一异性的爱慕发展成爱情,并指向恋爱、婚姻的道路。大学生普遍处于埃里克森提出的人生历程八阶段中的成年初期(18~25岁),这一时期心理发展的主要任务是获得亲密感,避免孤独感。因此,恋爱与性也成为大学期间的重要主题之一。

(一)当代大学生的恋爱特点

1.浪漫性

当代大学生由于尚未正式进入社会,阅历较浅,且对未来充满希望和追求,所以与其他人群相比,恋爱方面偏向于理想主义。他们大多以理想的爱情,去勾画自己的伴侣,更加关注精神层面和容貌等。他们追求浪漫,但对承担实际生活困难的能力、责任等考虑不足,导致其恋爱一旦遭遇现实困难,就容易发生变数。

2.易变性

当代大学生处于青春萌动期,容易感情冲动,在恋爱发展中也容易如此,往往通过短暂交往就确定恋爱关系。而在恋爱过程中,恋爱的浪漫性又使得他们不太善于处理恋爱中的纠葛,缺乏处理问题的方法与技巧,没有考虑客观条件的制约,从而导致情感波动较大,分分合合,变化无常。特别是在为了恋爱而恋爱的部分大学生中,这种易变性就更加普遍。

3.多元性

大学期间,大学生与异性接触的机会明显增多。一部分大学生在恋爱后,仍有较多机会与其他异性接触,并有可能潜在地把他们作为自己的恋爱对象加以考虑。这一方面反映当代大学生对爱情较为慎重,另一方面也反映了当代大学生的心理不成熟和恋爱目的不明确,因此需要我们加以注意并给予一定的合理引导。

4.自主性

大学生由于脱离了家庭生活,自主自立意识明显增强,因而在恋爱上大多自己做主,自由选择。和谁恋爱,怎样恋爱,没有统一的模式,不受条条框框的限制。但同时也由于恋爱自由度大、自主性强,而自己又缺乏应对两性心理差异的经验,缺乏应对理想与现实之间矛盾的技巧等,导致恋爱挫折不断。

随着性发育的成熟,与之相伴随的恋爱与性问题是不可避免的。大学生常见的恋爱问题包括:单相思、恋爱受挫、恋爱与学业关系处理不当、情感破裂的报复心理等。常见的性心理问题有:手淫困扰,以及由婚前性行为、同居、意外怀孕等问题引起的焦虑、恐惧、担忧等。①

(二)当代大学生恋爱与性心理的主要问题

总体上看来,当代大学生婚恋趋势是好的,他们普遍有美好的爱情观念,也愿意为之努力。调查显示,健康良好的恋爱关系对大学生心理健康可能具有促进作用。但由于各种内外部因素的影响,在婚恋与性心理方面也存在一些不足,主要问题如下:

1.普遍追求高层次的恋情,少部分有庸俗化倾向

在择偶观上,与其他青年群体相比,大学生普遍追求高层次的恋情,强调彼此间志趣相投,性格合拍,有感情,对方有才华、相貌好。追求情投意合,重视情

---

① 刘慧玲,王小丽.心理学原理与应用[M].北京:国家开放大学出版社,2020.

感上的默契,对物质、功利性的方面相对没那么重视。但也有少部分大学生的人生观、价值观因受一些不良社会思潮的影响,导致其恋爱中有庸俗化倾向。

2.部分大学生恋爱动机不纯,追求"快餐式"恋爱

在调研中,我们发现大部分大学生谈恋爱是奔着两人美好的未来去的,期待能够执子之手,与子偕老,共同走进幸福的彼岸。但仍然有部分大学生把恋爱当作解除寂寞,填补空虚的一种手段。看到其他人在谈恋爱,自己也想谈恋爱,不是出于对异性的喜欢、欣赏,而是因为追求虚荣、感到孤独寂寞而谈恋爱。把恋爱当作"快餐",视为一场游戏。秉承"快餐式"恋爱心理的大学生,重恋爱过程,轻恋爱结果。只强调爱的权利,而否认了爱的责任。

3.大部分大学生对失恋态度宽容,但承受能力较弱

大学生缺乏稳定经济基础和社会基础,再加上恋爱的浪漫性、易变性、多元性等特点,产生失恋在所难免。当遭遇失恋后,个体在短时间内出现伤心、失落、做事打不起精神来等现象都是正常的。遭遇恋爱挫折后,绝大多数失恋的大学生能够逐渐通过调适恢复心情,正常学习生活。但仍有一部分大学生摆脱不了"情感危机",并导致自己在心理和行为方面产生一系列的问题。比如,有的失去信心,放弃对美好爱情的追求;有的沉沦自弃,一蹶不振,认为人生没有意义;有的死缠烂打,甚至做出极端行为伤害对方。总的来说,不少大学生面临恋爱挫折,承受能力还较弱,因此需要加强大学生婚恋教育,并及时跟进其状态予以引导。

4.性心理发展不成熟,容易产生不当性行为

心理学家斯腾伯格认为,亲密、激情与承诺是完美爱情的三个要素。性需求也是个体的正常生理需求之一。性行为关系到性健康,而性健康将会影响到家庭、后代乃至整个社会的健康。与中国传统社会相比,在现代社会,随着社会开放程度的不断提高,青年人在性问题上的态度发生了很大的变化。但是大学生毕竟涉世未深,由于性健康知识不足和冲动型性行为,则有可能带来长久的痛苦。特别是对于女大学生,如果不幸怀孕,还要经历人工流产,造成对自己身

体和心理上的双重伤害,对以后的恋爱、怀孕也会有一定的影响。因此,性知识的教育在恋爱生活中是非常重要的,需要提升大学生的自我保护、道德与责任意识。而有的女生在恋爱中担心自己拒绝男朋友的性行为要求,男友就会离开自己,从而勉强接受了男友的性行为要求。这本身并不是真正的爱情。此外,因当前性教育不足,个别大学生还存在观看不健康视频等情况,长此以往会对身心健康造成不良影响。

5.部分大学生出现"不想结婚""恐婚"心态

随着我国少子化、老龄化形势的严峻,社会各界对婚育问题的关注日益增多,也成为国家政策的热点。《2021年民政事业发展统计公报》显示,2021年全国依法办理结婚登记764.3万对,同比下降6.1%;结婚率为5.4‰,同比下降0.4‰。从2013年到2021年,我国结婚率几乎下降一半,且平均初婚年龄向后推迟。《中国青年报》调查显示,62.1%的受访者存在恐婚倾向,8%的人直言自己具有极强的恐婚情绪。在我们2023年面向重庆市12所高校大学生的婚育观问卷调查中,有三成的大学生表示愿意结婚,三成的大学生明确表示不愿意结婚,四成的大学生表示无所谓。这与传统的"男大当婚,女大当嫁"观念有较大差异。不良原生家庭的影响、部分媒体对婚育问题的过分渲染、高昂的婚育成本、就业形势的严峻以及对自己将来事业发展的担忧,是造成他们婚育焦虑的重要原因。持有"不愿意结婚""害怕结婚"心态的大学生,在询问其谈恋爱的问题时,一部分人表示不想谈恋爱,一部分人则表示可以谈恋爱,但不想考虑结婚。前者可能会影响成年初期心理发展任务的完成,而后者则可能以敷衍,只在乎过程,不在乎结果的"快餐式"的方式谈恋爱,容易对对方造成伤害,造成一系列问题。

造成大学生恋爱与性心理问题的原因是多样的,部分舆论的负面影响,自身对恋爱与性的认识不当,两性沟通的技巧缺乏,学校在大学生婚恋与性方面教育的缺失等,都可能造成大学生恋爱与性心理问题。而在其中,原生家庭的影响不容小觑。原生家庭是指儿女还未成婚,仍与父母生活在一起的家庭。首先,原生家庭对于一个人的性格和价值观等方面的心理成长有着重要的影响。每个人都是带着原生家庭的心理烙印开始自己的成长历程的。原生家庭的不幸,往往会给孩子带来自卑心理,认为"自己是不值得被爱的"。在个体成长过程中,一方面缺乏父母或养育者给予足够关注和爱,可另一方面在意识本能层面,又有强烈的追寻被爱的需求。这样就容易导致个体在恋爱中纠结,遇到一点点问题就退缩,难以积极应对。其次,在原生家庭中,父母关系的不和谐也会影响子女对婚姻和爱情的信心。有的大学生就是因为从小经历父母的多次争吵,而对婚姻感到失望,对爱情和婚姻不再憧憬。再次,在恋爱过程中,男女双方在遇到问题时的处置模式也更倾向于各自原生家庭中父母的处理方式。表面上我们是在与自己的配偶相处,其实是不断重新经历自己过去与父母的关系。此外,在子女的婚恋问题上,不少家长往往在子女的中学成长阶段对婚恋采取避而不谈的态度,对子女与异性同学的正常交往包括疑似的早恋行为极力阻挠。但到了孩子年龄渐长,进入大学高年级阶段即将毕业工作时,却又开始对孩子的婚恋问题着急起来,想办法给孩子介绍对象,有的甚至一天给孩子安排好几场相亲,让子女不胜烦扰。家长这种处理婚恋问题的方式,也常让孩子无所适从。就像一位女大学生所说:"以前读书的时候,妈妈看到我跟哪位男生关系比较好,就开始担心我早恋影响学习,对我苦口婆心地教育。现在我大四了,对谈恋爱没有打算,她又催着我去相亲,巴不得突然蹦出来一个符合她要求的男朋友。"事实上,家长应在孩子的成长阶段适时灌输婚恋方面的经验与知识,使孩子从小便树立正确的婚恋价值观念。因此,加强大学生的婚恋和性心理教育,在全社会中大力弘扬良好家风,促进家庭和谐,都是非常必要的。

六、大学生的性格与情绪问题

性格问题有可能引起大学生较为严重的心理障碍,其形成与成长经历有关。原因较为复杂,主要表现为自卑、怯懦、依赖、偏激、嫉妒、孤僻、神经质等,由此引发一些情绪失调问题。

自卑,是一种消极的自我意识。自卑的同学,对自己的能力估计过低,看不到自己的长处或优势,往往感到不如他人,无所作为,悲观失望,甚至对稍加努力就能完成的任务,往往也会因缺乏自信而轻易放弃。自卑形成的原因较为复杂,既有生理、心理上的原因,也有家庭、学校和社会因素的影响。

怯懦,是以胆怯和懦弱为特征的一种个性缺陷。怯懦的个体胆小怕事、进取心差、意志薄弱、遇事易退缩、害怕别人讥笑或伤害,人际关系较疏远。性格内向、感情脆弱是内因,家长的袒护娇惯,缺乏实践锻炼和意志力的培养是外因。

依赖,表现在对个人自理能力缺乏信心,难以应对,遇事常企求他人的帮助,处事优柔寡断,希望父母或师长能为自己做抉择。其产生同父母过分专制或过分保护、照顾有关,独生子女优越的家庭环境也容易助长该类性格。

偏激,表现在认识方面,是看问题片面、绝对化,认为好的全好,坏的皆坏;表现在情绪方面,是按照个人好恶和一时心血来潮论事论人,缺乏理性和客观标准,易受他人的暗示或引诱;表现在行动上则是莽撞行事,不顾后果。大学生偏激性格的形成与其知识经验不足,辩证思维发展尚不成熟以及青春期生理发育有关。

狭隘,可以表现为,遇到一点委屈或碰到很小的得失便斤斤计较,耿耿于怀,这在女生中较为常见;也可以表现为,在人际交往中,追求少数朋友间的"哥们儿义气"等,这在男生中较为常见。其产生同家庭、社会中不良因素影响和个体的认知水平发展不足有关。

嫉妒,是在他人的才能、地位、境遇或相貌等方面优于自己时,往往采用贬低甚至诽谤他人的手段来维护自己的自尊心和虚荣心的一种消极的性格,是一种忧虑、愤怒和怨恨他人优于自己的复合情绪。其产生有多方面原因,既有个体认知上的偏差,也有受挫后的应对方式不当。有的大学生有争强好胜的心理,一方面说明其有上进心,要鼓励其通过自身刻苦学习和努力工作,实现目标;另一方面,也要注意对其心态的引导,避免其走入嫉妒的漩涡,对自己和他人造成困扰。

敌对,是个人遭受挫折引起强烈不满时表现出来的一种反抗态度。有敌对倾向的大学生,往往把他人的善意态度看成是恶意的,轻则置若罔闻,重则寻机报复破坏。其产生与受家长相应的心理品质的负面影响有关,也同教师、家长教育的失当,如不公正的对待以及自身心理发展不成熟有关。

暴躁,主要表现是沉不住气,易激惹,听到不顺耳的话,往往就火冒三丈,甚至唇枪舌剑,拳脚相加,多见于外向兼具有神经质的大学生。其形成同遗传因素有一定关系,但更多的还是缺乏个人修养,缺少自我控制能力。家庭教育中的放纵、溺爱也是一个重要原因。

孤僻,主要表现为不合群、不愿与他人接触,易神经过敏,猜疑心重,对周围人常有厌烦、鄙视或戒备心理,内心感觉孤独和空虚。多见于内向型的大学生。其形成可能与幼年创伤经验有关,如缺乏母爱,或家长、教师管教过于严厉等。

神经质,表现为好紧张、易激动、多愁善感、敏感疑虑、容易沮丧,并常伴有睡眠差等特点。个体对各种刺激均易产生强烈反应,情绪激动后又很难平静下来。这容易给个体带来适应上的困难,也给其造成极大的烦恼和心理冲突。临床研究表明,神经质是引发各种身心疾病的内因之一,因此应引起教师、家长的高度重视。神经质的形成同个体的高级神经活动类型有关。此外,家长不良的教养态度,如专横武断、不讲民主等,也是导致子女神经质的原因之一①。

大学生常见的不良情绪有焦虑、抑郁、恐惧、内疚、愤怒、悲哀等。

其中,焦虑是最主要的一种情绪困扰。焦虑是人们对即将发生的某种事件或情境感到担忧和不安。焦虑本身并不是病态的,几乎每个人都有过焦虑的体验。有时候焦虑是一种正常的情绪反应,而且适当的焦虑是个体发挥潜能、解决问题的动力之一。但过度焦虑则会给个体带来不良的影响。被焦虑困扰的大学生,内心感到紧张着急、心烦意乱,总是担心有什么事情要发生,不能有效

---

① 李百珍. 青少年心理卫生与心理咨询. 修订版[M]. 北京:北京师范大学出版社,2005.

地放松自己,常处于警觉的、无所适从的状态,思维迟钝,记忆力下降,同时伴有头痛、失眠、食欲不振等身体反应。对于大学生而言,主要有考试焦虑、社交焦虑和就业焦虑等三方面的焦虑情绪。

抑郁是一种持续时间较长的低落消沉的情绪。抑郁状态中的大学生情绪低落、思维迟缓、兴趣丧失,不愿与人交流,体验不到生活、学习的快乐,常体验到生命的无价值感与无意义感,并伴有食欲减退、失眠、疲劳、注意力不集中等不良反应。有时又突发冲动,行为极端。

恐惧是大学生的常见负性情绪。害怕考试不及格、害怕生病、害怕孤独、害怕被别人笑话等,都属于恐惧。因恐惧而导致的心理疾病多种多样,如疑病症、强迫症、恐怖症等。恐惧感通常与当事人幼年及青春期的经历和挫折体验有关。

总的来说,情绪问题受个体的遗传素质、人格倾向、生活经历等多种因素制约,个体可以通过改善认知、情绪宣泄、寻求心理咨询师帮助等方式进行积极改善。如果没有及时调适,长此以往,焦虑、抑郁、恐惧等情绪就可能演变为焦虑症、抑郁症、疑病症、恐怖症等神经症。

七、大学生的神经症问题

长期的睡眠困难、焦虑、抑郁、强迫、疑病、恐怖等都是神经症的临床表现症状。[①] 神经衰弱表现为兴奋性增高症状,疲劳过程加速症状、植物性神经功能障碍等。抑郁症表现为情绪低沉忧郁、终日闷闷不乐、睡眠差、缺乏食欲,通常在遭受精神刺激后发病,出现难以排解的抑郁心境,感知不到生活的乐趣,认为自己没有用处,对前途失去希望,有时会出现胸闷、乏力、疼痛等症状,严重时会出现自伤、自杀观念或行为。焦虑症以焦虑情绪为主,并伴有明显的植物性神经功能紊乱和运动性不安。强迫症是以强迫观念和强迫动作为主要表现的一种

---

① 陈娜, 徐颖. 高职大学生心理素质模块训练[M]. 北京:航空工业出版社, 2012.

神经症。

近年来,罹患神经症特别是抑郁症的大学生人数增加,也给高校学生工作带来较大的压力。引发抑郁症的原因是多元的,除了生理因素之外,家庭关系欠佳,父母易冲突,父母忽视或是不正确对待子女等,也是造成大学生抑郁的主要原因。

对于大部分大学生来说,常常面临的是前六种心理问题,这些困扰主要是由很多现实的社会心理因素所造成的,也往往是暂时性的,经过自己的主动调节或者寻求咨询老师的帮助,多能恢复心理的平衡和适应。第七种问题则需要进行专业的心理咨询或心理治疗,必要时转介到医院精神科或精神专科医院等。

我们将在后面具体讨论如何运用 IM-SAFER 模型进行大学生常见心理问题的干预。

第三章

高校心理健康服务体系现状及不足

本章对高校心理健康服务工作开展的现状进行调研,从高校心理健康工作的队伍体系、内容体系、管理体系、保障体系四个方面了解高校心理健康服务工作中存在的问题、遇到的挑战、积累的工作经验等。

第一节　高校心理健康服务体系现状

对于高校心理健康服务体系的认识,不同学者存在不同的观点。张凤琴、廖桂芳、覃干超认为,大学生心理健康服务体系的内容主要包括以下几个方面:领导工作机构、管理制度、工作队伍、四级工作网络体系、心理健康服务课程、心理咨询互助体系等。徐大真和徐光兴提出心理健康服务体系包括心理健康服务制度体系、心理健康服务组织体系、心理健康队伍管理、心理健康服务课程体系四大方面。黄希庭等人则认为,心理健康服务基本模式、技术体系、服务主体、教育培训、管理监督五个方面构成心理健康服务体系。[①] 结合国内外相关研究,充分考虑创新社会治理大背景,本书认为主要从队伍体系、内容体系、管理体系、保障体系四个方面构建高校心理健康服务体系。因此,对于高校心理健康服务体系现状的调查,也主要从这几个方面入手。

本书运用分层随机抽样的方法,从重庆市 77 所高校选取 30 所高校开展研究,每所高校选择 2 名心理健康服务专职工作人员作为调查对象,并运用重庆市高校心理健康服务体系访谈提纲为工具开展调查。访谈提纲核心问题如下:

(1)根据您的工作经历,您觉得当代大学生面临的主要心理健康问题是什么,呈现哪些特点?

(2)您认为造成这些问题的主要原因有哪些?

(3)您认为想要促进大学生心理健康或者改善大学生心理健康问题,可以从哪些方面着手呢?

---

① 梁剑玲,任婷婷."协同·共享·发展"理念下"123"学生心理健康服务体系的构建[J].教育科学研究,2019(10):67-73.

（4）您认为大学生心理健康服务工作体系包括哪些内容？

（5）您所在的学校从事大学生心理健康的人员队伍情况如何？（专兼职人员情况、学历、是否具备专业资质、人才培养等）

（6）您所在学校的心理健康服务中心面积、服务设施配备等情况如何？

（7）您所在的学校开展大学生心理健康服务的内容和形式有哪些？

（8）您所在的学校危机干预流程是怎样的？医校是如何合作的？

（9）您所在学校的心理健康中心与二级学院是如何联动的？和辅导员、思政课老师、专任老师等是如何联动的？

（10）您所在的学校形成了哪些大学生心理健康方面的工作模式？有哪些亮点？

（11）目前工作中面临的最大困难是什么？您对大学生心理健康工作有些什么建议？

一、调查对象的基本信息

本书共访谈高校心理健康专职工作人员 60 人，其中来自本科院校的 30 人，来自高职或专科院校的 30 人；男性 24 人，女性 36 人。

二、心理健康服务体系调查总体分析

（一）工作队伍情况

1.人员构成

心理健康工作队伍直接影响服务内容及质量，也是高校各项心理健康服务工作得以开展的人员保障。当前高校心理健康工作服务队伍主要由心理咨询师、心理健康教师、辅导员、专任教师等组成。调查得知，在专职的心理健康工作人员中"4~6 人"占 66.7%，是占比最高的；3 人以下的占 13.3%；"10 人以上的"占比较少，约 3.3%，见表 3.1。在兼职心理健康工作人员中"11~15 人"所占比例最大,见表3.2。可见,高校专职心理工作人员数量较少,远远少于兼职人员。兼职队伍较好地补充了心理健康工作力量,对大学生心理健康服务的开展起到了较好的推动作用。但是,从事兼职心理健康服务的主要是辅导员、心理健康教师、部分专任教师及学生志愿者等,一方面,他们承担了其他工作任务,时间和精力上难以保证;另一方面,尽管兼职心理健康工作人员普遍持有心理咨询师相关证书,但是许多高校对其考核和激励制度还有待完善,兼职心理健康工作人员的参与力度有待进一步提高。

表 3.1　专职心理健康工作人员

数量	频率	百分比	有效百分比
1~3	8	13.3%	13.3%
4~6	40	66.7%	66.7%
7~9	10	16.7%	16.7%
10 人以上	2	3.3%	3.3%

表 3.2　兼职心理健康工作人员

数量	频率	百分比	有效百分比
1~5	2	3.3%	3.3%
6~10	18	30%	30%
11~15	25	41.7%	41.7%
16~20	10	16.7%	16.7%
20 人以上	5	8.3%	8.3%

学生心理辅导需要专业的知识和技能,具有一定的专业门槛。通过对高校心理健康服务队伍的学历、专业背景和从业资格等方面的调查发现,工作人员的学历全部为本科及以上,其中本科7人,占比11.7%,硕士50人,占比83.3%,

博士3人,占比5%,见表3.3;具有心理学或社会工作专业背景的工作人员占比82%;拥有心理咨询从业资格证书的占比98%。

表 3.3　心理健康工作人员学历

数量	频率	百分比	有效百分比
本科	7	11.7%	11.7%
硕士	50	83.3%	83.3%
博士	3	5%	5%
合计	60	100%	100%

　　受访者1(女,从事学生心理健康工作15年):当前学生面临的心理问题日益多元化和复杂化,尤其像我们高职院校,学生除了在学习、人际关系、就业升学方面面临较大压力外,还存在自我认同度低、生命意义感弱等突出问题。但是目前心理健康专职工作人员数量有限,要解决全校近万名学生的心理健康问题,肯定是不现实的,我们只有调动辅导员,还有相关专业或者持有心理咨询师资格证的老师参与到心理健康工作中来。学校会对辅导员开展心理健康相关培训,并且鼓励和支持辅导员考取心理咨询师证书。即使我们想办法补充了兼职工作队伍,仍无法满足现实的需求;同时,现在到处都在缩编减员,要增加专职人员配备还是比较困难。所以我们也在思考,如何加强与相关专业部门的合作,来缓解当下人员不足带来的工作压力。

　　调研发现,高校心理健康工作人员和在校学生的比例,即心理健康工作师生比普遍偏低。专兼职心理健康工作人员总数与在校生比例在1∶(500~800),其中专职心理工作人员与在校生比例为1∶(2 500~4 000),这与韦耀阳等学者调查的结果较为一致。而这与联合国每500名学生就应该配备一名专业的心理咨询师的要求,还有很大的差距。高校心理健康人员队伍建设还需要进一步加强。

2.人员素质提升

调研发现,绝大多数高校都会鼓励心理健康工作人员通过培训或接受继续教育的方式,提升专业技能。尽管教育培训力度较大,但在专业督导方面,只有一部分高校建立了完善的督导制度,对工作人员提供持续的支持。调研发现,48%的人员每年会进行1~2次的心理培训,36%的人员会进行3~4次的培训,仅有16%的服务人员会进行5次及以上的培训,见表3.4;没有组织督导和案例研讨的高校占26.7%,每学期研讨1~3次的占63.3%,每学期研讨4~6次的占10%,见表3.5。

表 3.4 心理健康工作人员参与培训情况

数量	频率	百分比	有效百分比
1~2	29	48%	48%
3~4	22	36%	36%
5 次及以上	9	16%	16%
合计	60	100%	100%

表 3.5 心理健康工作人员参与督导及案例讨论情况

数量	频率	百分比	有效百分比
0	16	26.7%	26.7%
1~3 次	38	63.3%	63.3%
4~6 次	6	10%	10%
合计	60	100%	100%

受访者13(女,从事学生心理健康工作2年):我是心理学专业毕业的,但是咨询经验比较欠缺,遇到一些具体问题处理起来还是比较棘手。每年我会参加一些心理咨询相关培训,这对专业技能的提升还是比较有帮助,不过,我觉得最有用的还是学校建立自己的督导体系,这样能够更快地促进大家的成长。但是,现在学校心理健康部门工作繁忙,处理的事务非常多,要规律性地开展案例督导还是有一定难度。有时候我也会自己花钱参加个人体验,我参加了一年多的个人体验,感觉收获很大,对自己的成长非常有帮助,但是个人体验挺贵的,如果学校能够给我们提供相关服务,或者提供费用支持就好了。

受访者18(男,从事学生心理健康工作12年):我们学校是全市首批"高校心理健康教育与咨询示范中心",学校制订了明确的大学生心理健康教育专兼职教师专业培训计划,学校是严格按照相关规定来执行的。我们每年都安排专职教师出去参加培训,要求达到40学时以上,我们也鼓励老师参加心理专业学术团体召开的学术会议。兼职教师要求相对低一点,不过,只要兼职老师有主动参与培训的意愿,我们一般都会支持,尽量保证兼职教师每年参加一次培训。同时,学校奉行全员心理育人的理念,我们在新进教师岗前培训课程体系中就融入了心理健康教育内容,并且对辅导员、班主任、心理委员等每年开展专题培训,辐射面比较广。

(二)心理健康服务内容及方式

心理健康服务的常见内容主要包括心理健康筛查、心理健康教育、心理咨询与辅导、危机干预、心理健康环境营造、大学生心理自助互助。其中,心理健康筛查和心理健康教育是各个高校开展得最多的内容。调研发现,不同类型学校心理健康服务体系的内容范围差异不大,但在服务提供的数量和质量方面存在不同。本科院校心理健康服务的内容和形式普遍比高职院校丰富,民办高校心理健康服务机构服务体系内容相对单调。

受访者4(女,从事学生心理健康工作10年):我们学校还是比较重视学生心理健康工作的,经过15年的建设和发展,心理健康服务体系比较完善。心理健康中心集心理健康教育、心理健康服务、专业能力实践和心理科学研究于一体,形成"四四四六"的工作格局,即"四专":专门机构、专职岗位、专业队伍、专项经费;"四类":课程教学、心理活动、危机干预、咨询服务;"四级":学校、学院、班级、宿舍;"六维":自知自助、朋辈互助、医校联合、部门协作、家校联动、校校合作。构建了全方位的支持系统,合力推动大学生心理健康教育与咨询工作的良性发展。

高校开展心理健康服务的形式主要包括但不限于以下情况:心理健康科普宣教、个体心理咨询、团体心理辅导、心理剧场和心理电影展播、心理拓展活动等。不同类型学校开展心理健康服务工作的形式存在较大差异。一般来说,公办大学心理健康服务工作形式明显比民办高校丰富;普通本科心理健康服务工作形式普遍优于专科学校;相对而言,重点大学开展服务工作形式更为丰富。

受访者8(男,从事学生心理健康工作3年):我们学校除了常规的心理健康服务工作之外,还指导大学生朋辈心理咨询团及班级心理委员开展相关工作。大学生朋辈心理咨询团的主要职责是:在中心的指导下根据中心工作安排和要求开展常规接待、宣传普及、主题沙龙、志愿服务等活动。该社团坚持面向实际、问题导向,在情感、学业、人际、个人适应与发展等多方面为同学们提供倾诉、支持、团体辅导及个体咨询等朋辈支持服务。以"懂你的人 专业的支持"为己任,帮助同学们缓解心理困扰、增进相互交流、促进共同成长。

受访者6(男,从事学生心理健康工作10年):我校形成了立体化、全程化、全面化的"四四六"网络格局。横向上构建了"危机干预—课程教学—心理活动—咨询服务"四大体系,纵向上形成了"学校—学院—

班级—宿舍"四级网络,机制上实现了"自知自助—朋辈互助—医校联合—部门协作—家校联动—校校合作"六位一体的资源整合,形成全方位的支持系统,合力推动大学生心理健康教育工作的发展,依托"咨询室、课程、心理普测、健康月报、专业社团、专家讲座、活动月、电子杂志、网页、微博"等"十个一"工作平台,形成了较为成熟的工作程序。

1.心理健康筛查

受访高校全部都会对大一新生开展心理健康筛查工作。通过心理学相关测评工具进行测评,根据测评结果,对新生进行心理健康档案建档,筛选出需重点关注的新生人群,辅导员等相关工作人员会不定期地了解学生情况。通过量表进行筛查是最快速高效的做法,能够大致勾勒出学生心理健康基本状况,从而对学生整体心理健康状况有所把握。当前,高校心理健康筛查使用范围最广泛的量表主要有90项症状自评量表(SCL-90)、大学生人格健康调查量表(UPI)、抑郁自评量表(SDS)、焦虑自评量表(SAS)、生活事件量表(LES),相关部门会将心理健康量表筛查出的心理亚健康或可能出现心理健康问题的高危人群结合实际情况进行进一步的筛选甄别。但是,通过访谈了解到,许多大学生由于对心理健康存在病耻感,对心理健康工作不了解,误解心理健康档案会给自己带来麻烦,部分学生在测评的时候会虚假填答,以躲避学校的下一步干预。因此,量表筛查虽然简单、快速、高效,但其结果不一定能真实反应学生的心理状态,因此还需要进一步进行识别。

受访者17(女,从事学生心理健康工作5年):一是我们会实行重点学生分级管理制度。学校对心理重点关注学生实行"红—橙—黄—绿"分级管理,制定了细致的分级管理标准和分级管理处理方式。二是实行重点学生危机月排查制度。辅导员每月开展重点学生心理危机排查,填报《心理重点关注学生分级管理月报》,实现重点关注学生重点监测、动态管理。同时,学校心理中心坚持在开学季、毕业季等重点节点对重点关注学生进行"一对一"跟踪约谈。红—橙—黄—绿分级学生名单,我们也会告知二级学院及相应辅导员,加强对重点学生的关心、了解,及时发现问题,与其家庭保持密切联系,最大程度预防可能的风险。

受访者21(女,从事学生心理健康工作3年):其实我认为大学生心理健康筛查工作应该是常态化的,毕竟学生的心理健康状态是动态变化的,只有动态的筛查才能更准确地把握和预判学生心理问题。但是当前高校基本都是对刚入学的新生进行筛查,建立心理健康档案,后边并没有再做大面积筛查。

2.心理健康教育

教育部在 2021 年 11 月召开全国高校学生心理健康教育工作推进会,要求"提高政治站位,加强源头治理,强化过程管理,完善综合保障"[①]。大学生心理健康教育工作是高校立德树人中心工作的一个重要内容,需要贯彻"三全育人"理念,系统化加强高校心理健康教育工作,提出全员参与,形成心理健康教育合力。在此背景下,各级各部门对心理健康问题越来越重视,并要求高校将心理健康教育课程纳入学校教育教学的整体计划,增设心理健康教育相关课程。目前几乎所有高校都开设了大学生心理健康教育相关课程,大多数高校将大学生心理健康课程作为公共必修课,以全面普及大学生心理健康知识。课堂教学和专题讲座是高校心理健康教育工作最常采用的形式,也是大学生获取心理健康知识的重要途径。在心理健康教育课时调查中,1~18 学时的占 26.7%,19~36 学时的占 63.3%,37 学时以上的占 10%,见表 3.6。在开展心理讲座方面,高校基本上都会开展相关讲座,高职高专学校一般由学校统一组织,二级院系开展情况差异较大,有的会自己组织,有的不会单独开展。调研发现,每学年开展讲

---

① 朱敏,廖友国,陈敏. 新时代大学生心理健康素养的内涵、功能与提升路径[J]. 锦州医科大学学报(社会科学版),2022,20(3):46-49.

座的次数,1~2次的占46.7%,3~4次的43.3%,5~6次的6.7%,6次以上的3.3%(仅个别院校),见表3.7。

> 受访者9(女,从事学生心理健康工作6年):我们目前针对全校学生开设心理健康教育课,特别是大一学生,有36个学时。现在公共基础课的学时占比较高,心理健康课的学时也比较难增加了。我认为每一学年都应该开设相应的心理健康课程,因为处于不同年级的学生面临的任务、遇到的问题是有差异的,这就需要有针对性地开展。

表3.6　心理健康教育课时情况

数量	频率	百分比	有效百分比
1~18	16	26.7%	26.7%
19~36	38	63.3%	63.3%
37学时及以上	6	10%	10%
合计	60	100%	100%

表3.7　心理健康讲座次数

数量	频率	百分比	有效百分比
1~2次	28	46.7%	46.7%
3~4次	26	43.3%	43.3%
5~6次	4	6.7%	6.7%
6次以上	2	3.3%	3.3%
合计	60	100%	100%

大学生思想活跃,价值观并未完全定型,很容易受到外在环境的影响,尤其是自媒体时代,各种网络信息鱼龙混杂,对大学生价值观的养成及心理健康都

会产生较大影响。高校作为大学生学习和生活的主阵地,宣传科学的心理健康知识,对促进大学生形成正确的认知有着重要作用。通过心理健康知识普及度调查了解到,多数人认为心理健康服务知识比较欠缺,见表3.8。从宣传形式上可以看出,目前主要的宣传形式是网络,其次是校园橱窗,最后是展板和课堂教学。

表3.8 心理健康知识普及度调查表

数量	频率	百分比	有效百分比
非常欠缺	14	23.4%	23.4%
比较欠缺	30	50%	50%
不清楚	9	15%	15%
比较普及	5	8.3%	8.3%
非常普及	2	3.3%	3.3%
合计	60	100%	100%

受访者10(女,从事学生心理健康工作2年):这一代的大学生,可以说是网络原住民,平时使用网络的频率较高,且养成了通过网络获取信息的习惯。我们一般在心理健康知识的科普宣传方面,会考虑大学生的偏好,同时辅以其他丰富的宣传形式。

受访者33(男,大三学生):我们学校心理健康知识科普的方式主要是上心理健康教育课,开展心理健康月活动以及心理班会,但是心理班会经常都是流于形式。我觉得心理健康知识还是非常重要的,我们班有一个同学明显存在行为异常,但是她不寻求专业帮助,回避这个心理问题,我觉得这样非常不好。

3.心理咨询与辅导

当前高校心理咨询主要采取预约制,心理健康中心一般会对专兼职咨询师进行排班,以便有序地为学生开展心理咨询服务,保证服务的有序开展。学生需要提前通过现场、电话、网络等方式预约。通过调查了解到,高校还普遍建立了转介制度。学生的问题千差万别,心理咨询师不是万能的,在咨询中,当其遇到无法处理的个案时,会将学生及时转介给其他的咨询师或者心理医生等。一些高校与心理健康相关医院建立了转诊制度,有的会邀请医生到学校坐诊。

除常规的预约制外,高校普遍建立了应急制度。当学生突发心理问题,急需危机干预时,心理咨询中心会及时安排专业人员为其进行咨询。

高校心理咨询与辅导主要包括三个层次的内容,一是发展性辅导,二是预防性辅导,三是治疗性辅导。发展性辅导主要从学生成长过程中遇到的一些议题出发,帮助学生解决学习和生活中的困扰,提升适应力,如学生入学适应,生涯规划等。预防性辅导主要是对在学习、生活方面可能有问题的学生进行心理适应性分析,学习方法指导等。治疗性辅导主要是对心理、学习、人际关系等方面已经产生问题的学生进行辅导及心理行为矫正,对问题比较严重的学生,如有精神障碍等,就会转介到专业医院就诊。虽然高校心理咨询服务在近些年得到重视,有较大发展,但和大学生对心理咨询服务的需求相比还存在较大差距,在实际工作中,发展性心理咨询服务工作也应受到重视。

> 受访者11(女,从事学生心理健康工作7年):虽然我们意识到预防性工作的重要性,发展性咨询工作非常有必要,但是我们中心总共就4个专职人员,其中一个还要处理大量的行政事务,人手有限。于是我们就调动专任老师的力量,他们在教学和平时对学生的指导中,有意识地融入发展性咨询服务。专任老师和学生接触机会较多,对学生比较了解,尤其是在学生社会适应、专业学习、就业等方面的辅导,他们更有优势,这也符合当前的全员、全方位育人理念。

受访者12(女,从事学生心理健康工作12年):其实从事这么多年心理健康工作,我发现人们对于心理疾病仍然存在较大误解,存在病耻感的学生不在少数。很多学生怕别人知道自己患有心理疾病,很少主动寻求咨询,问题越严重的学生,主动求助的反而越少,他们甚至在心理健康筛查的时候,故意隐瞒自己的真实情况,让自己的测评结果显得正常。之前,我们准备对筛查阳性的学生开展心理健康团队辅导,但部分学生不愿意参加,于是我们就以参加团辅可以获得素质拓展分数等为激励方式,鼓励学生主动参与。

受访者13(女,大二学生):我是一名大二学生,在学校心理筛查的时候被筛查出来,辅导员让我去学校心理中心接受辅导。当时其实我情况不严重,医院的诊断结论是抑郁情绪。但是心理咨询老师听到我有抑郁症的表现,还去医院诊断过,尽管诊断结论不是抑郁症,老师还是比较警惕,从此之后,辅导员隔三岔五就会问我情况,班委也会随时关注我,这让我感到不太舒服。我能够理解他们的做法,我能够感到一些关心,但是会有从此被监控的感觉。大学心理咨询中心的作用,与其说是"开导"不如说是"防控"——预防+控制。预防主要是担心部分同学在校内轻生,控制主要是对那些没有出事但是有倾向的同学,进行高度的关注与监控。常见的就是辅导员通知班长或寝室长,多留意某同学,使其大部分时间都不要脱离视野范围。我相信不止我一个人有这个感受,所以说,高校的心理健康工作真的没有体现太多的服务性。很多同学都认为,如果只是想倾诉下烦恼,不在意成效的话,大可放心去,不要抱太高的期待就好;如果你真的生病了,但是暂时没有休学/退学的想法,并且你能确保自己的身体条件还撑得住,且没有自残意向的话,那么就不要去。

4.危机干预

90%的高校建立了校—院系—班级三级心理健康服务工作网络,或者"校—院—班—寝"四级预警网络,并制定了心理健康服务危机干预工作制度,以获得学生相关危机信息。辅导员或心理委员及时上报,二级学院和心理中心及时介入干预,必要时形成部门之间联动,加强家校合作和沟通。对于高危学生及时转介到精神卫生专科机构,构建"学校—二级学院—学生家庭—专业医院"四维协同工作机制。同时加强对学生后续情况的跟踪、关注,对重点关注学生进行分级动态管理。

(1)寝室预警。同寝室同学发现室友存在异常心理与行为时,及时报告给班级心理委员。

(2)班级预警。班级辅导员、班导师、任课教师、心理委员在平时上课及与学生接触过程中,保持一定的敏感性,及时发现学生的异常情况,帮助学生解决心理困惑,主动及时向各个学院主管学生工作的负责人报告。

(3)学院预警。各学院主管学生工作的负责人应与班级辅导员、班导师、任课教师、心理委员保持密切的联系,平时要密切关注本学院学生的异常心理与行为,并及时向有关领导和学校心理咨询中心报告,由学校相关部门专家提供专业干预,学院做好相关协助工作。

(4)学校预警。学校心理咨询中心应建立全校师生的"心理健康档案",及时排查有心理问题学生的情况并及时跟踪关注,实行动态管理。同时应与各个学院负责学生心理健康工作的人员密切沟通和交流,掌握各个学院大学生心理健康基本情况,督促检查各学院相关工作情况,并且重点掌握心理危机干预的高危个体和重点对象的相关情况,并及时向学校相关领导汇报。

> 受访者14(女,从事学生心理健康工作7年):我认为学校不仅要帮助学生度过校内生活,更要帮助学生解决心理问题,对处于绝望中的学生进行人文主义关怀,让学生对心理干预流程建立信任。我记得上海交

通大学健康长三角研究院医疗管理与评价研究中心执行主任蒋锋说过，现阶段高校心理健康干预流程中，"隐私保护"未得到应有重视。一些人缺乏这种应对能力和辨别能力，只知道动员力量阻止事件的发生就行了，而这本该是个专业的干预过程。虽然跟以前那种不闻不问的状态相比已经进步很多，但过程可能比较简单粗暴。所以说，当前的危机干预制度需要在实践过程中不断优化和完善，切实发挥作用。

受访者15(男，大三学生)：我是班级的心理委员，学校也会对我们开展相关的培训，帮助我们识别同学的异常心理和行为。我觉得这个制度其实挺好的，我们跟同学相处的时间多，互动紧密，比较容易发现问题，能够及早进行干预。但是，在实际工作中，也存在一定的困境，比如一些有心理问题的同学，他们对心理健康知识不够了解，观念上存在很多误区，不愿意让老师和同学知道他们的情况。在他们眼里，我们的主动报告行为就变成了"告密"，容易出现矛盾，所以，我希望这个制度能够更加完善，保护担任心理委员职责的同学。

受访者16(男，从事学生心理健康工作4年)：其实，很多学生在自杀之前是有线索和征兆的，比如有些人会以各种方式发出求助信号，也有些人会在平时的语言和行为中表现出来，比如有些人会说一些悲观厌世的话，人活着没意思之类的，也有一些人会出现异常行为。因此，学校一定要及时掌握学生的情况，要加强对学生心理委员开展相关的知识培训，以便在平时与同学接触的过程中，及时发现、及时汇报，同时学校及时介入。

5.心理健康环境营造

环境营造氛围，氛围产生力量，学校作为重要的育人场所，其环境建设对于育人起着重要作用。良好的校园心理环境，有助于提升学生心理健康意识，主动关心了解心理健康知识，提升学生心理健康水平。高校对心理健康环境的营造既包括物理环境也包括心理环境，既有静态的呈现也有动态的活动。从物理层面来说,主要是在校园整体设计过程中,打造轻松、愉悦、宜人的环境,营造温馨的氛围,让学生产生积极的情绪体验。心理环境营造主要是通过张贴心理健康科普海报、开展心理健康相关活动,包括心理健康月活动、心理健康展示活动,如心理剧展演、心理微课展示、心理电影展播、心理游园活动、心理健康游戏等。从调研了解到,当前高校对于心理健康环境营造还需要进一步加强,部分高校往往只是阶段性地开展一些心理健康环境营造活动,并没有形成持续的,常规性的做法。

> 受访者22(女,从事学生心理健康工作5年):我们学校一般会在心理健康活动月开展一些大型的心理健康活动,营造心理健康氛围。平时主要是开展一些心理健康的常规工作,比如心理健康筛查、心理咨询、危机干预等,在环境营造方面确实比较欠缺。
>
> 受访者39(男,大二学生):说实话,我所在的学校并没有重视跟心理健康相关的环境氛围打造。平时在校园当中也很少看到与心理健康相关的元素,图书馆关于心理健康类的专业书籍比较少,学校一般每年5月份会集中开展心理健康活动,但平时就比较少。

6.心理健康自助互助

大学生拥有一定的文化知识,具备较好的自主性,同学之间朝夕相处,在学习和生活中建立了较深的信任基础,具备良好的心理健康自助与互助条件,学校相关部门应为学生心理自助互助提供相应的支持。通过调研了解到,高校大学生心理自助服务主要包括以下形式:心理健康自测、心理健康知识推送、心理健康视频、微课等、心理放松技巧自我练习、心理相关电影赏析等。心理互助服务主要包括以下形式:学生心理健康相关社团、学生心理班会、学生心理互助会、大学生成长小组等。整体来看,高校开展了一些大学生心理自助及互助服务,但是形式和内容比较单一,学生参与率较低,因此需要进一步加强。

受访者16(男,从事学生心理健康工作4年):大学生心理自助互助,对于一般心理情绪问题还是有一定的帮助,比如新冠疫情期间,通过科学知识的介绍和放松训练技能练习等,部分学生的心理应激反应得到很好的缓解。不过,当前高校心理健康工作人员在完成日常心理健康基本工作方面都非常繁忙,对于大学生心理自助互助活动的组织需要调动更多的主体、链接更多的资源。

受访者25(女,大四学生):从我个人的体验以及对身边同学的了解,我们还是比较接受心理自助互助类活动的,这些活动比较轻松,愉快,也没有任何压力,可以学习到心理健康方面的知识。大学四年中,我参加过很多自助互助类活动,我学社会工作专业,因此,对于这些活动比较感兴趣。我印象最深刻的一件事情是大三的时候参加学院组织的心理成长小组,带领大一同学开展心理健康小组活动,帮助一位学妹疏导情绪,解决了她长期以来的一个困扰。总之,这次经历让我很有成就感,也感受到学生之间互助的重要意义。

(三)心理健康服务管理体系

在心理健康服务管理方面,相关领导对心理健康服务工作重视度较高,也提供了相应的支持,高校普遍建立了三级管理模式。75%的高校成立了大学生心理健康工作领导小组,并由学校分管校领导负责。通过对高校心理健康服务工作者的访谈了解到,86%的心理健康工作人员认为宏观政策、所在学校心理健康主管部门对其心理健康工作提供了一定的支持,比如学校会召开心理健康工作专题研讨会议、定期开展评估,提供相应的政策支持等。

调研发现,不同类型学校在心理健康服务机构设置、工作规范、管理制度等方面存在一定差异。普遍来说,重点大学心理健康服务的机构设置、工作制度更加规范,民办高校在这些方面相对较弱。在心理健康服务工作评估方面,不同类型的高校均会接收来自学校的评估,不过在评估的频率、内容、方式等方面存在较大差异。比如有的高校将心理健康服务中心单独进行评估,评估指标更为细致、全面;有的学校是将心理健康服务中心归属到学生工作部门进行总体评估和考核。

1. 心理健康服务组织机构

所有的高校均开展了大学生心理健康服务,也设置了相应的工作部门,高校心理健康工作部门的管理者对高校心理咨询服务缺乏统一的认识。基于管理者对心理健康问题的不同认识,高校在心理健康服务理念、工作模式、服务的侧重点等方面有所不同,因此在机构设置方面存在一定的差异。高校心理健康工作部门大多以心理健康服务、心理健康教育、心理干预等相关概念命名,如"心理咨询中心""心理健康教育中心""心理健康指导中心"等。在心理健康服务部门的隶属方面,绝大多数都隶属于学工处(部),占到89.2%的比例,也有个别高校的心理健康服务部门隶属于校医院、校团委、教育学或心理学部等。

> 受访者5(女,从事学生心理健康工作13年):我们学校学生心理健康教育与咨询中心成立于2001年,命名为"大学生身心发展指导中心",2004年更名为"大学生心理健康教育与咨询中心"。2013年学校党委专门设置了"学生心理健康教育与咨询中心"(简称"中心"),并挂靠学生处,成立了"大学生心理健康教育与咨询工作领导小组",由主管学生工作的校领导任组长,学生处处长兼任中心主任。据我了解,不同高校的心理健康中心名称有所差异,这个背后其实体现的是各个高校对大学生心理健康工作理念及工作重点的差异。

2. 心理健康服务相关制度

通过调查发现,高校心理健康服务的相关制度相对完善,其中包括对心理健康工作人员的考核制度、职业道德和伦理规范制度、心理健康服务的相关流程制度、工作条例和收费制度等。

受访者2(女,从事学生心理健康工作6年):我们学校制定有心理健康服务制度,比如工作制度、管理制度、考核制度。这些制度呈现出一个共同特点,就是为管理服务,从学校的角度出发,服务意识比较薄弱,因此并不一定能达到相应的效果。

3.校内外合作状况

调研发现,受访者所在学校与校内机构合作交流最多的是学生处,其次是团委、二级院系、校医院、宣传部、保卫部门、工会。受访者所在学校与校外机构合作最多的是医院、心理咨询机构。

受访者3(女,从事学生心理健康工作8年):我们与重庆医科大学附属大学城医院、重庆市精神卫生中心签订了医校合作协议,为学生开通转介绿色就医通道,同时邀请专家定期到校为疑难心理问题学生提供心理咨询服务。不过,整体来说,目前的合作还是比较浅层次的,深度合作还需要进一步加强。除与专业医疗机构合作之外,与专业治疗机构、家庭及社会的联系也需要进一步加强。当然,除校外合作之外,校内方面还需加强与学校教育队伍、校内专业人员的合作,形成多方联动的局面,为解决大学生心理问题助力。

4.心理健康服务工作评估

对高校心理健康工作开展评估十分必要,可以通过评估发现问题、诊断问题、改进问题,有助于推动心理健康服务中心的建设。通过调查发现,几乎所有高校都会对心理健康服务工作开展相应的评估,以了解本校心理健康工作的开展现状和成效,以进一步完善心理健康服务体系,促进本校心理健康服务工作的规范化发展,为学生提供科学、有效的心理健康服务。不同高校在评估标准、评估频率等方面存在一定差异。当前,国内有部分省市会对所在地区的高校开展统一的评估,不过,部分省市是各高校自行开展评估,省市主管部门只负责了解基本情况,并根据各高校的工作情况做一定的考核。高校心理健康工作评估指标主要由以下内容构成:心理健康服务工作体制机制建设、心理健康服务工作师资队伍建设、心理健康教育课程与研究、心理健康促进活动、心理咨询与危机干预工作、保障条件等。

> 受访者7(女,从事学生心理健康工作5年):我们学校没有对心理健康中心的工作单独进行考核,因为我们部门归属于学生处,年终考核的时候,中心的工作是作为学生处工作内容的一部分进行汇报及考核的。

(四)心理健康服务保障体系

1.心理健康服务经费

必要的经费支持是高校开展心理健康服务工作的基本保障,经费缺乏,在一定程度上会影响到心理健康服务的覆盖面和质量,心理健康服务工作的推进也会受到影响。对于经费来源的调查显示,43.3%的受访者表示心理健康工作部门会根据实际活动需要向学校申请经费,56.7%的受访者表示自己所在的学校有专项的心理健康服务工作经费,见表3.9。不过,受访者普遍反应所在学校心理健康服务工作经费较少。

表 3.9　心理健康服务经费

数量	频率	百分比	有效百分比
有专项经费	26	43.3%	43.3%
根据需要向学校申请	34	56.7%	56.7%
合计	60	100%	100%

受访者 19(女,从事学生心理健康工作 9 年):按道理来说,心理健康教育工作经费应该纳入学校整体预算,专项单列、专款专用。我记得有一个规定,要求本科院校生人均每年不低于 15 元;心理健康中心面积应该在 250~400 平方米,开展个体咨询、团体辅导的场所充足,有必要的办公接待、心理评估、档案保管等场所,有开展心理健康教育工作所必需的设备、器材,有完备的健康、能力、人格、职业等方面的测评软件,丰富的图书、期刊、音像等心理健康教育产品,并不断补充、更新。我们目前有一定的专项经费,但是费用不多,心理中心面积基本上达标,但是设施设备并不是特别完善,更新迭代比较慢。

2.心理健康服务场地

心理健康服务工作的开展,需要配备专业的场地、设施设备等。心理健康服务场地的有效打造,可以为丰富多样的心理健康服务提供支撑。高校心理健康服务场地一般按照功能进行分区,设置心理健康活动室、心理咨询室、沙盘室、心理测量室、宣泄室、心理团体辅导室等。有的高校功能分区比较全面细致,也有的高校只设置了最基本的功能区,将一些功能室进行了整合。通过调查了解到,所在学校拥有"1~2 间"心理健康功能室的占 23.3%,"3~4 间"心理健康功能室的占 63.3%,见表 3.10,大多数高校的心理健康功能室在 5 间以内。专业设施设备配置方面,高校一般配有沙盘、心理测量系统、宣泄工具、心理团辅所需的道具、心理影像和读物等。生物反馈仪等特殊功能仪器的配备方面,各个高校存在差异。40%的受访者认为所在学校的仪器设备非常齐全,51.7%的受访者认为所在学校的仪器设备基本齐全,8.3%的受访者认为所在学校的仪器设备非常欠缺,见表 3.11。

表 3.10　心理健康服务室

数量	频率	百分比	有效百分比
1~2 间	14	23.3%	23.3%
3~4 间	38	63.3%	63.3%
5 间及以上	8	13.4%	13.4%
合计	60	100%	100%

表 3.11　心理健康服务仪器和设备

	频率	百分比	有效百分比
非常齐全	24	40%	40%
基本齐全	31	51.7%	51.7%
非常欠缺	5	8.3%	8.3%
合计	60	100%	100%

> 受访者 20(男,从事学生心理健康工作 3 年):说实话,高校心理健康工作行政化特征比较突出,我们的高校心理健康工作都是跟着政策走的,政府相关部门对高校心理健康有哪些规定,具体是什么方向,我们一般都是完成规定动作。在规定动作之外,会有一些对学校实际情况的探索,但是目前的心理健康工作体系确实不够完善,重点主要在教育和咨询方面,对于环境营造及学生主体性培育方面的工作还远远不够。

3.心理健康平台建设情况

心理健康线下服务中心虽然能够提供全方位的专业心理服务,但线下心理服务也存在服务能力有限,时空限制等问题。随着互联网的高速发展,互联网+各行各业成为一种新的样态,也为高校心理健康工作提供了新视角。一般来说,线上心理健康平台可以提供心理测评、咨询、训练和治疗一体化服务,并且非常便捷。从调研来看,高校在心理健康线上平台的建设方面差异非常大,大多数高校是通过网站、微信公众号等途径开展线上心理健康服务。提供的主要服务包括心理援助热线、心理健康课程、心理微课,心理健康科普资料等。调研中,我们将心理健康线上平台提供的服务内容分为自助、互助、他助三类,在每一类中,受访者提到频率最高的前三项内容见表3.12。

表 3.12　心理健康平台建设服务内容情况

	内容/频率	内容/频率	内容/频率
自助	心理健康自测/58	心理健康知识推送/46	心理健康视频、微课等/35
互助	互动留言/43	心理树洞/26	—
他助	咨询预约/56	专业答疑/36	线上心理咨询/13

　　受访者4(女,从事学生心理健康工作10年):我们在工作过程中也意识到,单纯依靠线下平台,能提供的服务是非常有限的,线上心理健康平台因为其便捷性、覆盖面广等特点,有着独特的优势,能够作为线下心理健康服务的有效补充。但是,目前我们学校线上心理健康平台功能十分有限,基本也就是预约功能、对心理中心工作的基本介绍,以及包含少量心理健康知识。因此还需要加大力度进行建设。

第二节　高校心理健康服务体系存在的不足

　　经过多年的推动,高校心理健康服务工作得到较大提升,部分高校在实践中也总结出了自己的工作经验,有目的、有计划地开展心理健康工作,开发大学生心理潜能、提升心理品质、促进人格健全。如重庆某高校的"34567"心理育人模式。"3"即构建校院联动、家校联动、校医联动等三联动心理育人机制，发挥协同育人作用；"4"即实施心理育人四心（知心、健心、暖心、强心）行动；"5"即依托"一网""一报""一节""一团""一站"打造特色心理育人平台；"6"即心理"六进"工作，即进寝室、进班级、进考场、进报刊、进网络、进家庭；"7"即全面搭建"7 个心"的心理支撑平台（心理健康课程、心理健康讲座、心理健康团辅、心理咨询、心理电影、心理测试、心理剧），全方位多层次地满足学生心理健康发展需求，积极构建心理健康教育信息一体化平台。也有高校积极探索学生社区心理健康工作方法。学生社区是学生生活的地方，是各种矛盾冲突容易发生的地方，同时也是大学课堂的延伸，通过设置专职社区辅导员岗位，全面入驻学生社区，与学生同吃同住，加强与学生的沟通交流，及时了解学生需求，开展符合学生特点的各类心理健康活动，及时帮助学生解决问题，将学生社区打造成融合师生交流、文化活动、生活服务、情绪疏导等功能的"一站式"综合育人空间。不过，也有部分高校在心理健康工作队伍体系、工作内容体系、工作管理体系、工作保障体系方面还存在一定的问题，心理健康服务工作还不能完全满足现实需求。

（一）心理健康工作队伍体系方面

1.心理健康工作专业人员缺乏

国家卫生计生委、中宣部等 22 部门联合印发的《关于加强心理健康服务的指导意见》中指出"每所高等院校均应设立心理健康教育与咨询中心（室），按照师生比不少于 1∶4 000 配备从事心理辅导与咨询服务的专业教师"[①]。通过调研了解到，当前高校心理健康工作师生比基本达标，但是少数高校专职心理健康工作人员编制数量和实际从事心理健康专职工作人员的数量不一致。少数高校存在人员编制数达标，但部分人员实际并没有从事心理健康相关工作的情况。大部分受访者认为，即使达到了 22 部门的指导意见的相关要求，但在实际工作中，心理健康服务工作队伍远远不能满足学生需求。后疫情时代，心理

---

① 强润东，刘峰，杨欢，等. 高校心理工作所面临的问题探析[J]. 才智，2018（19）：137.

健康状况形势更加严峻,心理健康工作专业人员队伍存在较大缺口,专职心理健康工作人员尤为缺乏。虽然兼职心理健康工作人员可以在一定程度上补充专业力量的不足,但是兼职人员往往还要完成本职工作,没有太多时间和精力兼顾心理健康服务工作。普遍来看,兼职心理健康工作人员在工作经验方面与专职工作人员相比,还是有一定差距。此外,兼职的心理健康服务工作人员可能与学生之间存在多重角色关系,在开展心理健康工作方面容易陷入伦理困境,尤其是学生隐私方面的问题。因此,心理健康师资力量与高校学生人数的不平衡,容易出现心理健康服务供需不平衡。为了满足学生的心理健康服务需求,需要加强心理健康工作人员的团队建设,扩充有效的工作力量。心理健康服务工作的核心目标是帮助学生解决心理问题,提升心理健康素养,增强学生抗逆力,最终达到助人自助的目的。随着时代的变迁、社会的发展,高校心理健康工作面临巨大的挑战,这对高校心理健康工作人才队伍的能力提出了更高的要求。心理健康工作者的专业知识、实践技能、从业态度等都会直接影响到心理健康工作的效果和质量。专职心理健康工作人员需要不断学习新的技能,不断提升处理实际问题的能力。

另一个较为突出的现象是高校对心理健康服务工作队伍的督导及促进心理健康服务工作人员自我成长方面较为忽视。督导和培训是提升心理健康工作人员专业性的重要途径。心理健康工作人员在工作中面临各种复杂的问题,如果缺乏督导,容易产生心理损伤与职业枯竭,也可能对来访者造成二次伤害。因此,高校应建立系统、科学、规范的督导制度。

2.心理健康工作未突出大学生主体性

高校心理健康工作应该以学生为本,充分调动学生的积极性,发挥学生的能动性。提高学生主动参与的意识,可以极大提升心理健康工作效果,学校心理健康工作应从学生的需要入手。由于长久以来的知识缺乏,受错误观念的影响,学生对心理健康问题认识不足,也缺乏正确的判断。而且很多学生对心理问题存在误区,认为只有心理疾病的人才需要接受心理咨询与治疗,仍觉得看心理医生是羞耻的,怕遭受到同学的异样眼光,他们不愿意主动寻求专业心理帮助,从而耽误了早期干预的时机。

一方面,当前部分高校更多的是从管理的角度入手,以学生不出现极端行为,不发生重大问题为目标。因此,在提供的服务内容和具体方式上,并没有完全从学生的角度出发,充分考虑学生的特点。另一方面,当前部分高校并没有重视发挥学生的主动性和积极性,往往将学生作为被动接受服务的客体。心理健康工作不论是通过课堂教学还是个别咨询,都必须充分以学生为主体。心理健康工作极具个别化特点,即使外在行为表现相似,但引发的原因可能千差万别,因而处理的方法就不能千篇一律。心理健康工作不能简单粗暴地对学生心理问题进行判断,更不能将心理健康工作变成思想教育工作,将价值观、理念等强加给学生,而是要真正以学生为中心,将学生看作一个独立的个体,以学生的需求为基础,采用适切性的方法开展针对性的工作,引导他们进行自我分析、自我判断,不断得到自我成长,心理素质不断提高。因此,无论是心理咨询还是心理健康教育,在所有的心理健康工作中,都应该以学生为主体,看到学生身上的优势,充分调动学生的积极性。此外,大学生基本成年,具备一定的科学文化素质,开展大学生心理自助和互助非常有必要,可以通过调动大学生积极参与,促进其改变。

3.心理健康工作参与主体明显不足

当前,高校心理健康工作主要是由专职心理咨询师、辅导员等开展,专任教师参与较少。部分教职工缺乏主动参与大学生心理健康服务的意识,认为心理健康工作是学校心理健康服务中心的职责,与自己无关,完成好自己的本职工作就可以了。其实,心理健康服务工作是一个内涵外延较为广泛的概念,应该持有大心理健康观,而不仅仅是将心理健康服务等同于心理咨询与心理治疗。心理健康服务代表的是一种理念和意识,即根据学生需求,主动提供心理健康相关服务。教职工作为高校系统中的重要成员,对营造更好的心理健康氛围责无旁贷。因此,无论是什么岗位,只要从事与学生有关的工作,都必须具备一定的心理健康服务意识和敏感度,及时识别学生的问题观念及行为,并在工作中渗透心理健康相关理念。

研究发现,不少教师对心理健康问题重视不够,认为学生自己调节就好了,或者认为通过简单的鼓励、适当的教育,就会有所好转,没有意识到一些心理问题是需要专业干预的。因此,他们在平时的工作中,忽略了学生的心理健康问题。事实上,我们需要在平时的工作中对学生多加关心、多沟通,以便及时发现学生的心理问题。同时,要有意识地给学生补充心理营养,提升其面对问题的信心,不断渗透健康心理知识,帮助其提升心理素养。因此,心理健康服务工作不只是事后的治疗,还更应该注重问题的预防,促进学生心理素质不断提高才是心理健康服务工作的主要目标。总之,心理健康服务工作是涉及全员的问题,即全员参与和面向全员。

(二)心理健康工作内容体系方面

1.心理健康教育内容针对性不强

目前,高校均按照相关政策规定开设了心理健康教育课程,但是高校的心理健康课程大多是以理论知识教学为主,介绍的是比较笼统的知识,并没有细分内容,导致学生对于心理健康课程缺乏参与的兴趣。尤其是少数高校的部分教师,将心理健康课以思政课的方式来进行,对学生心理健康技能的提升效果有限。通过调研发现,大学生心理健康课程的开设并没有贯穿整个大学生涯,往往是在某一个学期或者某个时间段集中授课。但学生的心理发展是动态的,不同年级面临的挑战也有差异,因此,心理健康教育课程应该根据不同的年级阶段提供不同的教学内容,贯穿学生的整个学习生涯。

此外,应结合当前大学生实际情况,从发展性的角度构建心理健康教育内容。在设计心理健康教育内容时,应考虑该内容是否有助于促进学生心理健康的发展。发展性心理健康教育常常包括生活、学习、求职、人格、情绪管理与压力处理、人际交往训练等方面。

2.心理健康服务形式有待优化

高校在开展心理健康服务中,不断创新形式,开展了多种多样的服务。但是,当前的心理健康服务形式很少突出学生的主体地位,不能充分调动学生的积极性,导致心理健康工作效果不突出。因此,在开展心理健康服务时,应注重发挥大学生的主体作用,这就要求教师要有以学生为本的理念,在教育教学、心理健康工作开展过程中,自觉地把学生视为主体,充分考虑学生的特点、需求,采用学生能够接受的方式开展心理健康服务。同时,要建立学生参与的长效机制,比如通过让学生参与社团、协会,参加心理健康科普宣教等活动,提升学生的心理健康素养,营造积极健康的校园氛围,促进学生健康发展。

心理健康服务的对象是全体学生,而不仅仅是已经出现心理问题的那一部分学生。因此,高校在开展心理健康服务过程中,应该分层分类开展有针对性的心理健康服务,不断丰富心理健康服务活动形式,提升心理健康工作实效。此外,要加强学生心理健康自助及互助服务的开展,发挥学生的主动性。

3.心理健康普查滞后

多数高校会在新生刚入学的时候,利用心理测评量表对新生开展大规模的心理健康普查,为大学生建立心理档案库,并根据测评结果筛选出存在心理异常的学生,并对这部分学生开展进一步的识别、评估、干预。新生心理健康普查往往效率较高,能够掌握学生整体性的心理健康状况,但是学生的心理健康是动态发展的,大学生心理状况也会随着环境变化、突发事件的发生等情况而发生改变。因此,需要对大学生的心理健康状况进行动态检测,及时更新学生的心理档案库,更精准地把握学生心理健康状况。

4.心理健康宣传力度不足

在调研中了解到,师生普遍认为当前的心理健康服务宣传力度不足。部分学生并不是很清楚心理问题求助的流程和渠道;一些学生在自己出现情绪困扰的时候,往往通过网络去了解心理健康知识,判断自己的心理状况,而网络上的内容鱼龙混杂,一些媒体为了博流量而进行夸大或不实的宣传,这容易对学生产生错误的引导。由于宣传不到位,大学生对心理健康服务知识了解不足,因此,当自己出现心理行为问题时,不能及时地发现和判断。也有部分学生对心理问题存在较大误解,病耻感现象明显,害怕别人知道自己有心理问题,不敢寻求专业帮助。

（三）心理健康工作管理体系方面

1.心理健康服务管理制度亟须完善

通过调研了解到,高校普遍制定了心理健康工作领导体制、工作机制、伦理制度、工作人员考核制度等,但与心理健康工作人员职业发展相关的制度比较欠缺。心理健康工作人员是开展心理健康服务的主体,必须通过制度化的方式,促进其朝专业化、职业化发展。一是高校心理健康工作人员的从业准入制度需要完善。2017年,取消了心理咨询师职业资格证,对于如何评定心理健康工作人员的专业性,需要进一步思考。二是心理健康工作人员队伍培养制度。整体来看,当前高校心理健康专职工作人员学历较高,但是心理健康工作需要不断学习新的知识、新的技能,因此,高校应该制定相应的制度,激励心理健康工作人员不断提升自我,精进自己的技术,通过工作队伍的建设,保障心理健康工作的有效开展。三是缺少人才激励机制。对于优秀人才的激励,既是对其的肯定,也能促进其他心理健康工作人员的积极性和主动性。高校应根据学校自身的情况,制定合理的管理制度,规范和指导心理健康服务工作的开展。

2.心理健康服务工作机制不健全

调研发现,在高校心理健康工作机制中,危机干预工作机制是最需要完善的。虽然各个高校都建立了大学生心理危机干预工作制度,比如大多数高校都成立了危机干预领导小组,制定了危机干预的流程等,但是部分高校心理预警机制较为薄弱,难以全面、动态地把握学生心理危机状况。由于心理健康状况具有潜在性、内隐性,如果缺乏专业知识,则难以做出准确评估和预测。此外,由于专业力量不足,高校往往缺乏具备心理危机干预能力的工作人员,导致心理危机难以得到及时有效的处理。另外,高校普遍存在校内外联动工作机制不畅通的情况,不能很好调动校内校外各方资源,共同参与到大学生心理健康工作中来。

(四)心理健康工作保障体系方面

1.服务经费投入不足

经费是心理健康工作开展的重要保障,总的来说,高校对于学生心理健康问题的重视程度有较大提高,投入的经费虽然基本能够维持学校心理健康工作运转,但是,对于当前心理健康服务需求高涨的现实情况来说,高校心理健康服务经费则相对不足,且来源形式单一,尤其是对于学生心理健康活动方面的经费,预算明显不足。经费投入不足将对心理健康服务活动开展,设施设备完善,人员能力提升等方面产生一定影响。

2.基础设施有待完善

虽然各个高校均建立了学生心理健康中心,但各个高校心理健康中心的基础建设存在较大差异。有的高校无论是场地,还是设施设备都非常完善,但也有少数高校存在基础设施设备严重不足,或设施设备陈旧的情况。随着科学研究的发展,心理健康设施设备不断更迭,为了更加高效地开展心理健康服务工作,有必要完善心理健康基础设施。当前,许多高校由于经费不足,场地有限,对于心理健康服务中心的功能划分不够明确,心理健康测评及干预设备不足,基础设施不完善,极大地限制了心理健康工作的开展。因此需要根据学校的实际情况以及学生心理健康需求,进一步完善心理健康服务的基础设施和硬件设备。尤其应加强大学生心理自助方面的设施设备,采用灵活的方式,为学生提供便捷的服务。

3.高校网络心理健康服务平台建设滞后

网络信息技术的高速发展,为高校心理健康服务工作提供了新的形式。网络心理健康服务因其便捷、高效而得到越来越多的重视。调研了解到,学生也比较倾向于通过网络方式接受心理健康服务,一方面,大学生对于网络接受度高,方便、快捷;另一方面,网络具有更高的隐秘性,学生更有安全感。但是目前高校开展网络心理健康服务主要是通过电话、网站、QQ 等渠道,总的来说,心理健康服务平台建设较为滞后。在我国大力推进新基建的今天,应结合当前心理健康研究的新成果,开发功能完善的网络心理健康服务平台,通过平台整合心理健康服务资源,实现大学生心理"自助+互助+他助"的功能,探索数据驱动的大学生心理健康服务方式,提升心理健康服务的效率。

第四章

大学生心理问题的IM-SAFER干预模型构建

第一节　构建多元主体协同干预体系的
必要性和可能性

一、构建多元主体协同干预体系的理论基础

（一）社会治理理论

社会治理是国家治理的重要组成部分,它强调要充分调动和发挥社会力量而不是政府的强力管控,重在鼓励和支持社会各方广泛参与。社会治理是从单向度到体系化的转变,实现权、责、利多个向度的统一和合理配置。因此,社会治理强调治理主体应该从单一化走向多元化,不同利益主体都应该积极加入到社会治理的相关领域中来,积极发挥自己的优势,为社会治理贡献力量。

社会治理视域下的心理健康工作就是要健全和完善社会心理服务体系。其重点在于在传统心理健康教育,心理健康服务基础之上开展全方位、立体化社会心理服务。社会心理服务体系与学校和医院当前开展的心理健康工作内容和方式不同,学校心理健康工作往往重视学生个体及团体的身心健康发展,医院往往重视的是心理疾病的治疗和干预,而社会心理健康服务体系的内涵和外延更加广泛,不仅重视公众心理疾病预防、干预,还会重视培育良好的社会心态,提升公民主观幸福感,推动社会和谐发展。

（二）协同论

作为系统科学理论的重要分支,协同论认为,系统是普遍存在的,尽管不同系统之间存在差异,但是各个系统间又存在着各种各样的联系。多元主体协同理论旨在构筑多元主体的内置能力,以协商、共同制订和执行行动表示,促进参与者间的相互尊重和友好互动。目的是建立一种共同行动的理论,以解决当前至关重要的社会问题。由不同形式的行动者,以不同形式发起和参与,识别和

尊重贡献,使多元化的力量保持联系,并共同努力达成目标。多元主体协同理论的研究旨在发掘多元行动的动力,挖掘出多个主体间的协同机制,使之能够有效地加强参与者的凝聚力,把多元性的社会问题转化为有利于参与者的结果,以实现参与者的认同感和共识,使参与者间的互动更加紧密和有效,呈现出更密切的协同机制。

多元主体协同理论强调,多元主体必须采取有效的行动,致力于真正的合作,以促进参与者之间的共识,形成一个协同的行动框架,以构建共同的机制,增强协同的能力,促进参与者的关系,使之达成共识,完成和实现共同的目标。多元主体协同理论首先要建立一种相互尊重、自主参与、负责任的关系,关键在于尊重个体间存在的差异,在行动中尊重参与者的努力,以平等、友好的原则指导行动。为了取得成功,多元主体协同理论必须建立促进多元主体行动的制度背景,共同合作的伙伴关系,寻求共同的利益,为不同社会群体提供公正、平等的原则,保持反复的沟通、监督和合作,使参与者建立信心,以实现最终目标。

协同理论对于高校心理健康工作提供了重要启示,高校心理健康工作是一个复杂的系统,涉及校内外不同主体。在实际工作中,应充分调动各个主体的积极性,共同参与到高校心理健康工作中来,建立全方位、立体化的高校心理健康服务体系。

二、构建多元主体协同干预体系的必要性和可行性

(一)构建多元主体协同干预体系的必要性

1.社会心理服务体系建设的重要组成部分

社会心理服务体系建设能够解决社会发展所需,是新时代社会治理创新的重要内容之一。党的十九大报告指出:"加强社会心理服务体系建设,培育自尊自信、理性平和、积极向上的社会心态。"有学者提出,新时代社会治理体系主要是由自治、法治、德治、心治为核心的"四治"体系构成。社会心理服务体系是整

个社会的心理健康服务体系,既包括微观层面的个体社会心理服务,又包括宏观层面的群体社会心理服务,是"心治"体系建设的重要内容,其最终目标是构建可及性的社会心理服务体系,系统性地解决社会心理问题。一方面,加强社会心理服务体系是实施健康中国行动的必然要求。《国务院关于实施健康中国行动的意见》提出实施心理健康促进行动,心理健康是健康的重要组成部分,通过心理健康教育、咨询、治疗、危机干预等方式,引导公众科学缓解压力,正确认识和应对常见精神障碍及心理行为问题;健全社会心理服务网络,加强心理健康人才培养;建立精神卫生综合管理机制,完善精神障碍社区康复服务。到2022 年和 2030 年,居民心理健康素养水平提升到 20% 和 30%,心理相关疾病发生的上升趋势减缓。① 另一方面,构建社会心理服务体系,对社会发展意义重大,加强社会心理服务有助于缓解社会压力,预防心理行为问题、降低精神疾病发病率。有学者提出,我国各类精神疾病患者总数高达 1.73 亿人,由于人们对精神疾病的认知不足及偏差,社会心理服务资源缺乏等原因,只有少部分人接受了专业治疗。加强社会心理健康服务体系建设,可以增加心理健康服务供给,提升心理健康服务资源,解决社会心理问题,提升居民的幸福感,促进社会健康发展。

社会心理服务体系具有以下特点:

社会心理服务体系具有系统观。它是从系统理论的视角构建心理健康服务体系,与传统的心理健康服务有着较大的区别,一方面它的视角更为宏观,另一方面它更注重多元主体的参与,更侧重整个社会的健康氛围,健康心态营造。每一个公民都处于社会大系统中,其心理健康水平会受到社会环境的影响,通过健康社会心态的塑造,有利于个体心理健康水平的提高。

社会心理服务体系是社会治理体系的重要构成。社会治理体系现代化体现在社会治理理念的变化,我国经历了管控理念到管理理念,再到现代治

---

① 周鹏宇, 王翠芳. 在社会治理创新中加强社会心理服务体系建设[J]. 中共山西省委党校学报,
2019, 42(6): 84-88.

理理念。现代治理理念有利于发挥多元主体在社会治理中的作用,构建社会心理服务体系,有助于调动各方资源,凝聚社会共识,共同助力心理健康服务。

社会心理服务体系是健康中国建设的内在要求。在经济高速发展的今天,党和政府越来越重视国民的身心健康,国民的心理健康整体水平越高,主观幸福感越强,社会越安定和谐。通过社会心理服务体系的构建,可以为国民提供更多的心理健康服务资源,能够及时发现问题,有效做出应对,从而促进国民整体心理健康水平的进一步提高,助力健康中国建设。

社会心理服务体系包含以下内容:

一是引导社会形成客观的社会认知。对于社会现象和社会问题形成科学、客观的解释,降低社会偏见、刻板印象等认知偏差,引导民众形成客观的社会认知,降低负面社会影响,形成良好的舆论环境和社会风气。

二是形成正确的社会态度。通过科学的方法,及时了解社会动向,如居民的社会态度、社会情绪和社会心理动态,对民意做出判断,为制定合理的社会心理相关政策提供依据,培育健康的社会心态,形成良好的社会情绪氛围,减少负面事件的发生率。

三是促进公众的积极社会行为。通过强化社会主义核心价值观的引领作用,发挥法律和道德的社会控制功能,利用心理学知识,促进社会成员亲社会行为的发生,建立社会信任,增强社会凝聚力,培育良好社会心态①。微观层面,应加强对重点人群的心理疏导与干预,为边缘群体提供社会心理支持系统,建立良好沟通机制,及时化解风险;对于普通民众,加强科普宣教,开展丰富的社会心理活动,促进积极社会行为的发生。社会层面,应加强社会心态预测、预警,加强社会心理风险和危机研判,及时对社会舆论中的风险点作出正确的应对,做好不良社会情绪的疏导,及时化解各类矛盾冲突。

---

① 俞国良,王浩. 新时代我国心理健康教育的发展方向及其路径[J]. 中国教育科学(中英文),2022, 5(1):23-31.

高校心理健康工作是社会心理服务体系的组成部分,社会心理服务体系的建设思路,为健全和完善高校心理健康服务体系提供了重要参考。

2.促进大学生健康成长的本质体现

大学阶段常常被称为人生的第二次"心理断乳期",大学阶段是人生的关键阶段,面临着诸多心理、社会发展任务,比如个人成长、完成学业、恋爱交友、求职择业、角色转变等,大学生要在该阶段完成一系列人生发展重要课题。加上外在环境的冲击,如社会竞争激烈化、人际关系复杂化、生活节奏快速化,大学生面临更多的外部挑战。加上一些学校和家长过于重视学生的学习成绩,对于其社会化技能的培训比较忽略,导致一些学生生活自理能力、社会交往能力、挫折承受能力等都比较差。部分学生缺乏学习和生活动力,呈现出"空心化"特征,如目标缺失、心理脆弱、情绪不稳、无意义感等,这些都严重地影响了他们的学习和生活。

研究表明,近年来高校有心理行为问题的学生数量持续攀升,大学生的心理健康状况不容乐观。据统计,全国退学大学生中,高达一半是因为心理、精神疾病退学,且呈逐年上升趋势,高校心理健康工作面临严峻挑战。当前,大学生心理问题呈现多样化、高发化、复杂化等特点。造成大学生心理问题的成因错综复杂,既有来自遗传方面的因素,也有微观的家庭环境、中观的学校环境、宏观的社会环境因素。这就需要大学生具备良好的心理素质,较强的抗逆力,以面对各种挑战。通过建立系统的高校心理健康服务体系,一方面能够预防和尽早发现大学生的心理问题;另一方面也能够营造一个良好的环境,提升大学生的心理素养,增强学生的心理韧性,有利于大学生更好地适应学习和生活,促进大学生的健康成长。

高校作为社会大系统的一个构成要素,高校心理健康问题不能很好应对的话,必然会对社会产生负面的影响。学校心理健康服务工作,是扭转学生消极社会心态,树立正确人生观、价值观的重要保障①。学校是学生系统化地接受社会化知识的关键场所,并且学生身心处于发展阶段,具有较强的可塑性。在此阶段及时解决学生的心理问题,有利于学生积极适应社会,形成良好的社会心态。学校与社区、企业、医院共同构成社会心理服务体系建设的四大主要阵地,而对高校社会心理服务体系的研究和实践,有利于完善社会心理服务体系的建设,为健康中国战略助力。

3.高校心理健康工作的内在要求

高校心理健康工作本身就是一个复杂的、系统性的工作,涉及学校各个部门,覆盖全体学生,与校外相关机构和人员也有着千丝万缕的联系,比如所在地区的管理部门、专业医疗机构、社会工作机构等。因此,高校心理健康工作的固有特点,就决定了要联动多元主体,共同助力大学生心理健康工作。

(二)构建多元主体协同干预体系的可行性

1.高校心理健康服务体系的开放性

高校心理健康服务不是封闭的体系,而是与外界有着较多的关联,存在诸多资源交换。比如,高校会与高校心理健康服务相关的上级教育主管部门、学校所在地的相关部门、精神卫生中心或相关医院、专业心理咨询机构、家庭、兄弟院校等开展深入的合作,具有明显的开放性特点。

比如当高校出现危机事件时,相关部门会提供相应的支持,协调外部社会资源如公安、社工、妇联以及其他社会资源,为当事学校提供支持与保障。所在地区心理中心可以为所在地区危机管理工作提供专业支持,在学校危机筛查的工作中,通过对各学校汇总的数据做综合研判,总体分析全区学生的整体情况,比较各校学生心理状态的特点和差异,协助学校制订具有针对性的工作方案;在危机事件干预的过程中,为学校协调心理专业的资源,并协同学校共同处理

---

① 杨大威,俞国良. 青少年对新冠肺炎疫情的认知:社会心理服务视角:本刊专访中国人民大学教授、博士生导师俞国良[J]. 黑龙江社会科学,2020(4):96-101.

危机事件①。此外,很多高校和医院建立了长期的合作关系,会邀请专业医生到学校定期坐诊,或者帮助高校心理中心解决一些复杂个案等。

2.高校心理健康服务主体的非线性

心理健康服务包括心理科普宣教、环境营造、心理健康筛查、心理咨询与辅导、危机干预等。这些服务内容不可能全部只由心理健康专职工作人员来完成,需要调动学校更多的主体参与。比如,专任教师可以在平时与学生的沟通和交流过程中,及时发现学生的异常心理和行为,并向相关部门汇报,在课堂教学过程中渗透心理健康相关理念;辅导员学习心理健康相关知识,能够对学生的一般心理问题进行处理;高校管理者通过组织各项校园心理健康文化活动或教学管理活动等,帮助高校营造出良好的环境和提供配套的教学服务。这些过程都是交叉进行,各大主体在服务过程中相辅相成、协作配合。因此,作为系统的各主体存在较强的非线性相互作用,相互影响。

第二节 多元治理体系下的大学生心理问题干预的 IM-SAFER 模型构建

本模型旨在打造立体化的心理健康服务网络平台,构建整合性的学校心理健康服务体系。本模型基于积极心理学理念,调动高校各主体的积极性,提供形式多样的心理健康服务。本模型将大学生分为大学生心理健康自助、大学生心理健康互助以及大学生心理健康他助三个层面。全方面挖掘心理育人的方式与途径,推动在学生群体中形成勤于自助、善于求助、乐于互助的氛围。

---

① 王震. 全员导师制实施背景下整合式学校心理健康服务体系的探索与实践:以上海市宝山区为例［J］. 现代教学, 2021(24):45-49.

一、IM-SAFER 干预模型框架

大学生心理问题类型多样,成因复杂,同时又具有一定的共性,大学生心理问题干预是一项系统工程,需要多元主体协同参与。高校心理健康服务体系是一套整合式的服务系统。

(一)针对一般问题

I 自助——梳理大学生常见心理问题类型,开展大学生心理健康自测,介绍大学生常见心理问题的文字、音频、视频等科普知识,教授心理自助技术,提供寻求专业心理咨询的预约通道等。

M 互助——充分发挥同辈群体的支持作用,开展大学生成长小组,心理班会,心理互助社区等活动,由专业老师提供督导。

(二)针对严重问题

SAFER 专业干预——梳理心理咨询师、社工、辅导员等在大学生心理干预中的角色、责任、分工等,探讨多元主体协同干预机制,提供个性化、针对性的心理干预。

(三)IM-SAFER 模型特点

1.理念的创新

在传统的"他助"模式基础上,增加了大学生心理自助及互助理念,发挥大学生的主体性作用及朋辈支持作用,解决一些简单心理问题,提高大学生心理健康教育的有效性。

2.模型的创新

以国际危机事件应激基金会提出的"SAFER"危机干预模型为基础,加入 I(independent)和 M(mutual)即"自助互助"元素,形成创新的 IM-SAFER 模型。

3.途径的创新

针对大学生严重心理问题,充分调动心理咨询师、社工、专业机构等,发挥其在大学生心理干预中的作用以及多元主体协同优势。通过线上公众号及小程序与线下心理干预活动的开展，全面建设大学生心理干预体系。

二、高校心理健康服务多元主体协同

高校心理健康工作是一项系统性工程，涉及校内校外多方主体的合作，只有充分调动各个主体参与，才能提高高校心理健康服务工作的系统性、全面性与创造性。

当前，部分高校存在心理健康工作主体单一的情况。不能将心理健康问题简单化，避免从单一的角度去看待高校心理健康问题。大学生心理健康问题的引发原因是多方面的，大学生心理健康问题的解决需要调动广泛的社会资源。高校虽然是大学生心理问题干预的重要力量，却不是解决大学生心理问题的唯一力量，高校应该从多元化的视角出发，组织多方力量共同参与。只有联动校内校外各方力量，形成多元主体协同的局面，才能真正构建起完善的心理健康服务体系，形成多方联动的大学生心理问题干预机制，降低心理问题对大学生的健康成长造成的损失，促进大学生心理健康成长，以及社会和谐发展①。

（一）校内主体及职责

1.高校心理健康工作管理者

校长和分管领导是学校心理健康服务体系的组织者和管理者，承担着机制保障和资源统筹的职责。学校管理者需要联合学校的心理中心、德育管理部门和教学管理部门，建立学校心理健康服务体系工作小组以及相应的工作运行机制，定期召开工作会议，分析和研判学生心理健康整体情况。对于重点问题开展专题研讨，了解各部门在心理健康工作开展中遇到的困难，收集各部门在开展心理健康工作中的意见和建议，为心理健康服务体系的有效运转和工作的整体推进提供制度上的保障。

---

① 徐英. 大学生心理问题及其预警干预机制研究[J]. 常熟理工学院学报，2008，22(7)：67-70.

2.心理健康工作专职人员

心理健康工作专职人员是学校心理健康服务体系中的骨干力量,扮演着学校心理工作的研究者、培训者、辅导者和支持者等角色。该队伍要参与学校心理健康工作的整体推进,从面上开展针对全体学生的心理健康知识科普宣教工作,从点上为有心理行为问题的学生提供专业干预。同时还要负责对接二级院系,指导二级院系心理健康工作的开展,负责对二级院系心理健康工作人员、学生工作者、兼职心理健康工作人员等进行业务知识培训和督导。

3.心理健康工作兼职人员

心理健康工作兼职人员是高校心理健康工作的重要力量,主要由辅导员、班主任、社区辅导员、专任教师等组成。心理健康工作兼职人员较多,分布较广,能够覆盖高校各个院系,深入到学生群体,在实际工作中发挥着重要作用。该队伍要不断学习心理健康基本知识,提升心理健康工作能力,能够在与学生日常接触、谈心谈话、日常工作事务中准确把握学生心理动向,对学生的心理问题进行早期识别、疏导,将需要专业干预的学生进行转介。

4.大学生心理健康工作志愿者

越来越多的实践证明,学生心理问题的第一发现者往往来源于伙伴的报告。通过心理健康教育课程的普及,学生在心理健康方面的求助意识不断增强,对伙伴情绪和行为的觉察力和敏感度也在不断提升。学校要不断地宣传普及并畅通心理求助的通道,也可以通过培养心理委员、学生心理骨干等方式,定期交流伙伴们的总体情况,及时报告个别学生的特殊情况。

高校应选拔并培育一支班级心理委员队伍,同时吸纳一批具备心理学基础知识,又愿意参与到大学生心理健康互助服务的志愿者队伍,组建心理健康相关学生社团,搭建朋辈互助心理平台,推动大学生心理互助工作的开展。

(二)校外主体及职责

1.医疗机构专业人员

高校应与专业医疗机构开展对口合作,对患有精神疾病的学生开展识别和专业治疗,对心理健康复杂个案进行指导,同时对高校心理健康工作人员进行专业督导及业务指导,提升高校心理健康工作的专业度。

2.校际心理健康资源

不同高校在心理健康资源方面存在差异,当高校在面临重大公共事件等情况下,可以联动校际心理资源,寻求在心理学学科建设、心理健康工作力量上具有优势的高校的支持。同时可以通过专业培训、工作联盟、课题联合、名师工作室等方式,发挥优势资源高校的辐射带动作用,促进校际心理健康教育资源共享。

3.社会工作机构

社会工作专业实践与心理健康工作存在较大契合度,同时,社会工作具有资源链接的优势,工作上更加主动,方式上更加灵活,可以加强心理健康工作人员与社会工作者的联动,优势互补。尤其是开设了社会工作专业的高校,可以充分调动社会工作专业师生,开展大学生心理健康自助、互助活动,共同助力高校心理健康工作。

4.学生家长

家校沟通不畅是影响心理危机干预效果,甚至引发家校矛盾或纠纷的重要原因。此外,根据学生心理发展的特点,家庭往往是造成大学生心理问题的根源之一。因此,有必要探索加强高校家校合作心理育人模式,开展家长教育,提升家庭对学生心理健康发展成才的贡献度。

三、IM-SAFER 模型具体内容

IM-SAFER 模型包含了三个子系统,分别为自助、互助和他助。大学生心理自助和互助,主要解决的是一般问题,而他助主要是专业心理干预,如大学生心理危机干预。大学生心理危机干预是一套整合式的系统,包括学生心理问题发现子系统、学生心理问题辅导干预子系统,以及学生心理危机干预和管理系统。通过构建整合式心理危机干预的工作模型和运作方式,希望达到以下目标:一

是工作内容的整合。从学生心理问题的发现到辅导干预和危机管理,形成服务的闭环系统。二是工作队伍的整合。以校内资源为基础,以心理教师为核心工作队伍,联合班主任、导师和各科教师,整合校外医疗、社工以及社区民警等各方资源,建立多部门多资源合作的工作机制。三是形成各部门规范的工作流程。制订各部门各成员协同服务的技术指南,提升学校心理健康服务的综合能力水平。

(一)I——大学生心理自助的理念及实践

大学生已处于成年早期,身心发展基本成熟,且系统地接受过科学文化知识,具有良好的心理自助条件、资源与能力。在大学阶段,学生已初步具备一定水平的自我意识、自我调节能力和问题解决能力,能够通过自己学习、模仿、自我调整等方式独立解决自身成长与发展过程中的诸多问题①。但是,当前对大学生心理自助方面的研究还比较欠缺,尤其是缺乏系统的理论阐述和内容建构。

自我教育是提高个体心理健康知识及改善心理健康水平的重要途径。自我教育往往被认为是一种心理的高级整合机制,是心理发展与良好心理素质形成的内因,是提高大学生心理健康水平的必要途径之一②。从某种程度上来说,心理自助有其自身优势。与互助或专业干预相比,心理自助是一种积极主动的行为,能够充分调动大学生内在的心理成长动机,激发自我探索,最大限度地发挥个体的主观能动性。大学生通过心理自助,能够在一定程度上获得新的认知,调节情绪和行为,改善心理问题、获得心理成长和提升,并且,通过心理自助能够激发大学生的自我探索,让大学生对自己进行觉察、反省和统整。

1.大学生心理自助的现实基础

心理自助是指个体根据自身发展的需要,在自我意识的基础上,发挥个人

① 李笑燃. 大学生心理自助研究[D]. 呼和浩特:内蒙古师范大学, 2015.
② 李笑燃, 陈中永. 论大学生心理自助的意义和价值[J]. 内蒙古师范大学学报(教育科学版), 2016, 29(6): 50-53.

内在动力,有效整合运用各种外在资源与手段,通过自我认知、自我体验、自我控制来维护心理健康、完善心理机制、开发心理潜能,以达到心理自助的目的①。广义来讲,任何通过自我有意识地进行调节和训练以获得心理提升的活动,都可以称为心理自助。而狭义的心理自助主要指借助心理书籍、影视作品、网络资源、互助活动或非系统性的专家指导以提升自我、缓解压力、调节情绪及解决心理问题的过程。

在大学生群体中开展心理自助具备现实性。首先,心理自助是"自觉性"的,更加积极主动,能充分发挥大学生的主体性,心理自助的形式更加灵活,不受时空限制,也更隐蔽,更符合大学生的求助心理。其次,大学生群体认知水平较高,有较好的心理健康意识,他们学习能力比较强,具备通过心理自助来解决和克服一般心理问题,完善自我意识,提升自我的基础。然后,在高校的时空条件下,开展心理自助具有较好的条件、资源和能力。

2.大学生心理自助的主要途径

积极心理学认为每个个体身上都具有积极向上成长和发展的潜力,同时还认为自己是自身的管理者,具有积极的心理潜能和自愈能力,这与心理咨询倡导的助人自助理念不谋而合。在实际工作中,学校通过广播、橱窗、微文、微视频等多种方式,大力普及和宣传心理健康知识,进一步增强学生的自我心理保健意识。此外,鼓励学生根据兴趣组建心理类社团,推动其主动学习心理健康常识,增强自我悦纳、自我管理等能力。比如,随着学生求助意识的不断增强,主动来心理健康教育中心预约、咨询的同学逐年递增。有的学校会每年组织大一新生实地参观心理健康中心,同时通过课堂、网络等多种途径增强学生对心理咨询服务的了解,引导学生在需要时主动寻求心理咨询的帮助。

大学生心理健康自测。建立高校心理健康服务平台,制定出一套科学的心理健康评估与反馈体系,了解大学生心理状况,并提供专业心理咨询渠道。大

---

① 岳欣. 大学生心理自助机制研究[J]. 教育与职业, 2012(33): 81-82.

学生可以通过该平台自主进行心理测评,了解自身心理问题,判断心理问题的程度和种类。对于需要专业心理咨询介入的,可以通过该渠道预约线上或线下专业心理咨询服务。

大学生常见心理问题介绍。虽然网络发达,大学生可以通过各种渠道了解一些心理健康知识,但是,网络上的信息鱼龙混杂,信息零散,不是特别有针对性。大学生面临的问题,往往有一定共性,可以梳理大学生常见心理问题,如环境适应、人际关系、学业困难、职业规划等,通过高校心理健康教育平台,介绍相关知识,为大学生解惑。

大学生心理自助调节技术。心理学领域开发了众多科学实用的心理调节技术,可以对大学生的心理问题起到调节作用,帮助大学生缓解压力、降低焦虑、提高心理调节能力。常见的心理调节技术有冥想、放松训练、正念技术等。

大学生心理自助环境营造。高校对大学生心理自助的环境营造,主要是为大学生提供外部条件及相关的心理健康资源。具体方式有:打造积极健康的校园环境、营造良好的校园心理氛围;为大学生提供各种心理健康平台,如大学生心理健康自助平台以及相关资源;提供丰富多样的大学生心理健康文本资源,如心理健康方面的报刊、书籍等资料。

(二)M——大学生朋辈心理互助的理念及实践

心理互助是指人们通过各种行为,彼此有意识地施加心理影响,使参与者的心理素质向积极方向发展变化的活动①。狭义的大学生朋辈心理互助是指由受过训或具备心理健康基本知识的学生以言语或非言语的方式帮助有心理行为困扰的学生,通过倾听、同理、共情等方式,对其产生心理支持的过程。广义的大学生朋辈互助是指大学生之间相互提供心理支持、情绪疏导、行为调整等活动。"朋辈"群体往往年龄相当,生活环境相似,价值观较为一致,有共同关注

---

① 刘艳. 大学生朋辈心理咨询模式探新:以浙江大学朋辈会心团体为例[J]. 黑龙江教育(高教研究与评估),2014(1):88-89.

的问题等,能够相互提供支持和帮助。大学生朋辈心理互助,最常见的是同学之间的相互安慰、劝导与鼓励。朋辈间的互助支持虽然不是严格意义上的心理咨询,但是它仍然可以发挥一定的作用,对大学生的健康成长起着重要作用。如今,朋辈心理辅导已经成为高校心理健康教育的重要形式之一,起着重要的补充作用。

朋辈心理互助具有以下特点:一是准专业性,大学生朋辈心理辅导与大学生间一般的人际互动有所不同,也异于专业的心理咨询。大学生朋辈心理辅导员的专业能力比较有限,解决的是大学生的一般性心理问题,比如学习问题、人际困惑、情感交流等。二是主动性,心理咨询往往遵循不求助不服务的原则,很难做到主动为大学生提供心理服务。然而,朋辈辅导员们来自学生,能够及时发现同辈学生的心理需要与问题,通过主动为同学提供心理帮助提高其心理健康水平。相关心理学调查研究显示,当大学生遇到心理困扰时,最有可能向身边的朋友、同学求助,而不是父母、教师或专业心理咨询者。这就说明大学生朋辈心理辅导比专业心理咨询所涉及的对象更多。

1.大学生朋辈心理互助的可行性

首先,大学生年龄相仿,生活的环境高度一致,面临的问题基本相似,这些共同的经验,能够让同伴群体产生共鸣,对对方表现出更多的理解和支持,更能够对对方的问题感同身受,更好地共情对方。

其次,大学生生活的环境比较包容和接纳,学生之间有非常多的接触和相处机会,能够建立良好的关系,有信任的基础。学生之间通过陪伴、疏导等方式交流情感,用自己的感受、体会和经验去帮助其他同学度过困境。

最后,许多大学生比较反感说教式的教育,而更愿意向同龄人敞开心扉、互相交流、倾诉烦恼。苏英姿调查发现,53%的人在遇到心事时,喜欢向知心朋友倾诉,94%的人平时常常与朋辈交往、交流。大学生们因为有类似的生活经验与生活方式、相近的价值理念,使得朋辈辅导能有效解决大学生在日常生活中遇到的一般心理问题。另外,大学生之间的相互倾诉与交流,往往具有开放性、非正规性,这反而能够让其比较放松,在温暖的氛围中讨论自己的问题。

2.大学生朋辈心理互助的主要模式

大学生虽然不是专业的心理咨询师,但是他们身上的一些特质,如真诚、开放、温暖、热情等,能够起到一定的辅导效果。大学生朋辈心理互助常见的形式有以下几种:

新生成长小组。充分发挥学生之间的互助功能,由高年级学生面向大一新生开展成长小组,以大一新生面临的环境适应、人际交往、情绪情感等常见问题为主题,开展小组活动,帮助大一新生更好地适应大学生活。

大学生心理社团。当前,高校均成立了一些跟心理健康相关的社团,如大学生心理健康协会、大学生心理互助会等。这些社团往往会通过知识学习、交流讨论、开展心理健康相关活动,如心理剧、心理微课、心理游园活动等,让社团成员学习到相关的心理健康知识,掌握一定的心理调节技术,提高大学生心理素养。部分高校还依靠学生会、心理社团等,创办大学生心理健康报刊、杂志、融媒体资料等。大学生心理社团除了对本社团成员心理健康起到积极作用之外,对于营造良好的校园心理健康环境也有重要推动作用。

心理班会。通过心理班会的开展,营造积极健康,互帮互助的氛围。良好的班级环境对学生的心理健康有着积极作用,同学之间提供社会支持,更有利于学生在遇到挫折和问题时更快地修复。不过,不同高校、不同班级开展的心理班会效果差异较大,有些班级没有保质保量开展心理班会,流于形式;有的高校会组织心理健康专业教师对心理班会的主题和内容标准化,对心理委员开展相关训练,并且全程督导心理班会的开展过程,真正发挥了心理班会的功能。

心理树洞互助社区。构建网络心理互助社区,实现心理树洞及心理互动功能,有效开展朋辈心理支持活动。心理树洞可以为有需要的学生提供一个安全、隐秘的空间,学生的隐私能够得到保护,又能满足其倾诉的需求。同时,可以设置互助功能,学生在提出问题之后,由其他学生来回答,提供帮助①。

调研发现,为增强学生的主体地位,培养学生心理自助与助人能力,不少高校为大学生朋辈心理辅导提供了相关服务。如常态化开展以校院两级成长部干部、班级心理委员、寝室信息员为主要对象的朋辈干部队伍选拔、组建、培训、考核、评优评选等工作;制订《朋辈互助队伍建设管理实施细则》《朋辈互助队伍心理素质培训实施方案》等管理制度;定期举办"学生朋辈的人文情怀"等专题培训,提升学生骨干的朋辈心理辅导能力;也有部分高校开展故事分享等活动,展现出互帮互助、团结创新的精神风貌,创建温暖积极的校园文化氛围。除常态化互助活动的开展外,部分学校还积极开展各种心理健康主题班会、"5·25"心理健康节系列活动、"朋辈协力·心理成长"、心理影院、心理文化体验展、"三爱"心理书签征集等多种活动项目,提供丰富的社会实践活动和校园文化活动。通过各类活动,充分挖掘学生的潜能和优势。

(三)SAFER——危机干预(他助)

1.心理危机干预概念

"心理危机"概念是由心理学家 Caplan 于 1953 年最早提出的。他认为,人们会不断地自我调整,让自己内心处于一种稳定、平衡的状态,并且能够较好地适应环境,保持自身与环境的平衡。但是,当个体遭遇一些重大问题、生活发生重大变故,而自己又难以应对时,就会出现相应的心理应激反应,自身平衡就会被打破,进入失衡状态,内心出现紧张、焦虑等情绪,甚至出现思维和行为的紊乱,进入危机状态。国内学者关于心理危机的研究,比较有代表性的有:樊富珉提出危机的两层含义,一是指突发事件,出乎人们意料发生的,如地震、水灾、空难、疾病暴风、恐怖袭击等;二是指人所处的紧张状态。蔡哲认为当个体运用平时的应对方式不能处理自己目前遇到的内外部应激时就会出现危机。马湘培认为,心理危机是当事人遭遇到超过其承受能力的刺激时导致极度焦虑、抑郁、

①　马文喆. 新媒体背景下大学生心理自助平台的建构研究[J]. 太原城市职业技术学院学报,2017(10):82-83.

失去控制,不能自拔的状态,这是一种心理困境,容易导致灾难性的后果。

危机干预是指通过激发处于危机中的个体的自身潜能来帮助其恢复到危机前的心理平衡状态的技术。这一概念来源于林曼德和开普兰的工作实践,成为当前心理健康领域重要的服务内容之一。翟书涛认为危机干预是为处于危机中的个体提供及时的帮助和支持,使其恢复心理平衡的一种短期帮助过程。伍新春认为心理危机干预就是发生严重突发事件或创伤性事件后采取的迅速、及时的心理干预。国内学者对于心理危机的界定存在一定差异,但也存在较多共同之处,比如普遍认为心理危机既是一种静态危机,也是一种动态危机。它不仅描述人们在某个时间出现的心理失衡状态,还描述一种过程,即个体会经历危机的不同发展阶段,在不同阶段表现出来相应的心理和行为特点,如个体往往会出现情绪、思维或行为失去控制等。心理危机干预就是通过相关支持和技术,帮助个体从心理危机状态恢复至心理平衡状态。

2.大学生心理危机的现状、成因以及相关性等方面的研究

马玲娜等提出基于移动互联网时代的大学生存在认知危机、情感危机、人际关系危机。吴继红的《大学生心理危机源的调查与干预研究》采用刘新玉编制的《大学生压力源问卷》对不同年级不同专业的学生进行调查统计,认为大学生心理危机源由强到弱的顺序依次是:前程压力、学习压力、自主与独立压力、家庭与经济压力、重大与突发压力、社交与人际关系压力、异性关系压力。不同性别大学生在前程压力、学习压力和异性关系压力方面差异显著。男生的前程压力、学习压力和异性关系压力都明显高于女生。文科学生在家庭与经济压力、前程压力和学习压力方面都明显低于理工科学生。城市大学生在面对重大突发事件时的压力显著高于农村大学生;城市大学生的家庭和经济压力显著低于农村大学生;城市大学生的社交和人际关系压力显著低于农村大学生。随着年级的升高,压力增大,在前程压力和学习压力方面一年级明显低于二、三年级,在自主压力方面一年级明显低于三年级,二年级和三年级在各个压力源方面的差异不显著。大学生心理危机的预警研究主要从评估指标体系和预警方法等方面进行研究①。

许红艳从理论上提出大学生心理危机学校预警指标体系,并通过实证研究检验该体系,最后完善大学生心理危机指标体系并建构信息评估系统。余成武针对目前高校心理危机预警工作的不足,提出提升数据意识、建立数据平台等提高心理危机预警工作的有效性和主动性。姚宏伟等人基于新媒体时代的特点和心理危机预警干预理论,确定了心理危机预警指标体系。该体系涵盖了预警指标信息搜集、评估、反馈和危机个体干预四个部分。

3.大学生心理危机的干预研究

对于大学生心理危机干预的研究,大部分从宏观角度开展,提出建立心理危机干预的模式和体系。阴桃红在《高校心理危机干预构建浅议》中,对不同类型的危机对象提出高校应建立起以心理教育咨询中心为龙头,以各系心理健康教育工作站为骨干,以大学生朋辈心理互助团体为基础的立体交互式大学生心理危机干预体系。林凡在《校院两级管理下高校心理危机动态干预模式探析》中,以校院两级管理为背景,论述了高校心理危机干预分工协作的管理新模式。刘超在《构建基于家校联动的立体化大学生心理危机干预机制——基于一场突发心理危机事件的实践探索》中,探讨了家校联动机制在大学生心理危机干预事件中的重要作用,提出了新形势下预防和应对大学生心理危机事件的基本思路。

对于大学生心理危机干预的具体技术研究主要是从微观操作性技术角度出发。许若兰等人通过调查统计发现,运用认知——行为疗法在高校开展心理危机干预,对提升大学生的认知水平,情绪调节和促进人际交往能力的发展等方面能取得良好的效果。石世平等认为沙盘疗法在实践运用中可防范心理危机,用于心理危机干预,促进心理危机的解决。龙艳认为生命教育的实践是高校心理危机干预教育改革的重要取向。王沂提出心理疏导法,以疏通、引导、巩

① 吴继红. 大学生心理危机源的调查与干预研究[J]. 天津职业大学学报,2012,21(2):36-39.

固三步骤,逐步疏导学生危机心理,建立新的认知思维评价体系,预防和干预大学生心理危机形成①。

4.大学生心理危机干预存在的不足及原因分析

国内对于大学生心理危机干预的研究取得了一定成果,高校在实践中也积累了较多危机干预的实践经验,但是也存在着一些不足与局限:一是大学生心理危机干预的理论和技术主要是从国外引进,本土研究较少,本土化程度相对较低;二是大学生心理危机的研究较为薄弱,理论方面的研究多,实践性和操作性方面的研究较少,有待提高;三是雷同性的研究较多,创新性的研究相对较少。高校心理健康工作者应在实践中不断反思、总结经验、提炼工作模式,形成符合我国国情的一套大学生心理危机干预方法②。

5.SAFER 危机干预模型简介

SAFER 危机干预模型来源于美国国际危机事件应激基金会,由 Everly 于 1995 年提出,并于 2015 年作了修正。该模型基于科学实证研究基础提出,具有较强的实用性。北京大学方新老师团队于 2016 年将其引入国内,并运用于疫情期间线上心理援助、高校心理危机干预等领域。以下简要介绍方新老师引入的 SAFER 模型:

1)SAFER 模型的具体内容

• Stabilize 稳定化:此步骤主要内容是介绍自己,满足处于危机中的个体基本需求,减低其压力源,迅速与对方建立起关系。

• Acknowledge the crisis 了解危机:此步骤的主要内容是了解事件的概况以及处于危机中的个体是如何反应的。

• Facilitate understanding 增进理解:此步骤的主要内容是让亲历者了解自己在认知、情绪、躯体、行为、三观等五个层面的"异常反应",通过正常化去帮助

---

① 何海燕. 大学生心理危机及干预研究综述[J]. 智慧健康, 2019, 5(3): 47-48.
② 宋小玥, 王晓刚. 国内大学生心理危机预防与干预的研究综述[J]. 思想政治理论教育新探索, 2013(1): 293-300.

他们理解,这些反应是他们对"非正常事件的正常反应"。

- Encourage effective coping:此步骤的主要内容是鼓励其进行有效的应对(行动机制)。

- Recovery of Referral:此阶段的主要任务是转诊康复治疗,以打通持续照顾的渠道。

2)SAFER 模型每个步骤的具体内容

(1)S—Stabilize 稳定化。该阶段主要目标为稳定情绪。在此阶段,主要是进行自我介绍—与对方建立关系—满足对方基本需求—减轻急性压力源—运用稳定化技术。

建立关系:无论是线上危机干预还是现场危机干预,根据场合以合适的方式进行简单的自我介绍,都有助于双方建立信任关系。比如:您好!这里是××热线,我是××,很高兴为你服务;您好,我是学校心理健康中心的××老师等。此时,我们需要寻找初步的接触点。人处于危机状态时,常常思绪较乱,讲述重点不明确,我们需要一边听一边做评估,并用关切的态度询问对方:"有一些重要信息我来问您好不好?"

满足基本需求:早期的危机干预通常最需要的是满足基本需求,应观察对方的基本需要并加以照顾,如衣食住行,保障有吃、有喝、保暖等。如遭受家暴的服务对象,了解她是否安全,是否有安全的住所等。

减轻急性压力源:尽量协助来访者为他目前所遭遇的担心或焦虑事件找到解决的办法或解决方案,尽可能帮他去想哪些社会资源能够帮到他。

稳定化技术:利用想象、放松、催眠技术等的指导语,激发和唤起来访者的躯体感受,引导他们的身体得到适当的休息、放松。可运用安全之地(safe place)技术,引导对方"你在哪个地方是特别舒服的、安全的,而且这个地方是有边界的,放松的",去激发和唤起他们的躯体感受。还可以运用保险箱技术、大树的练习,通过隐喻的植入激发其内在心理的灵活性,并感受到稳定。

如果这个阶段难以让来访者稳定情绪,则应提供一些实用的资讯或建议,并作出转介。

（2）A—Acknowledge the crisis 认识危机。邀请对方叙述整个危机发生的过程，具体发生了什么事情，他做了些什么应对等，通过对方的叙述了解危机事件经过本身以及亲历者的身心反应。这个部分的信息收集和记录主要是为了后续的干预工作服务。此外，通过叙述事情的经过，也可起到一定的情绪宣泄功能，来访者可能会一边说一边哭，干预者要给予共情和理解。

（3）F—Facilitate understanding 增进理解。此阶段的任务主要是利用认识危机阶段所收集到的信息，让亲历者了解自己在认知、情绪、躯体、行为、三观五个层面的"异常反应"，重点是对"非正常事件的正常反应"。通过正常化去帮助他们理解，并把这些反应归为当时的情景，而不是个体缺陷。

认知层面：关于危机事件的想法，比如"只有我们是最辛苦的"。

情绪层面：愤怒、焦虑、恐惧、悲伤、无力感、无助感……

躯体层面：疲惫、紧绷、麻木、心慌、胸闷、头疼……

动作层面：坐立不安、不停刷手机……

三观层面：比如对国家的看法、对政府的看法、对职业的看法都会受到影响。

在应激状态之下，人们容易出现战斗、逃跑、木僵、假死4种反应模式。也就是当敌人比我们弱的时候，我们要战斗（Fight）；敌人太强大了，我们会逃跑（Flight）；当敌人就在眼前，打又打不过，跑也跑不了的时候我们会木僵（Frozen），最后就是屈服，也就是假死（Submission），惊恐发作就是典型的假死。如果来访者对自己出现的这些反应有误解，就需要我们进行心理教育：这些反应都是"正常人群对于非正常事件的正常反应"，通过正常化帮助他们理解，把这些反应归为当时情景，而非个体缺陷。当然，也需要区分，有的人本身就有创伤，经历危机事件会把以前的创伤重新唤起，这就需要进行鉴别，必要时可直接进行转介。

（4）E—Encourage effective coping 鼓励有效的应对。此阶段的主要任务是

帮助来访者把目标聚焦于他能控制的,通过聚焦,帮他找到内在的控制感,还要帮他确定并加强"内在和外在资源",评估个体正常生活的能力,以及生存动机加强技术。面对愤怒的人第一步要对他的愤怒进行共情,明白他的愤怒不是针对你个人,然后慢慢从他对面转向走到他身边,和他站在一起去想办法。聚焦控制感,就是要让来访者找到自己完全能够胜任,能够做到的事情,帮助她找回控制感。比如一个经历危机后觉得"我现在什么都做不了"的女性,我们就需要帮她把目标聚焦于她能控制的,"你能做西红柿炒鸡蛋吗?"通过聚焦,帮她找到内在的控制感。

此外,还要帮她确定并加强"内在和外在资源",如果只跟以前对比,就觉得什么都不行。治疗的时候需要看创伤也要看资源,但是在危机干预中,当事人经历重大危机,需要资源取向。作为干预者,有一双善于发现资源的眼睛是很重要的。大家要记住:"任何行为都有功能。"咨询师自己脑袋里的框架和局限会影响我们对当事人的看法,你在生活中不喜欢或者特别讨厌某个人的某类行为,就意味着你在拿一个社会评价的标准在评价它,你才会讨厌它。

(5)R—Recovery of Referral 转诊。有的人本身就有创伤,经历危机事件后可能会唤醒曾经的创伤,出现不同的反应。我们需要对其做其他精神障碍方面的鉴别,对于可能存在精神障碍的患者,建议其及时就医,按时服用药物。如果对方有 PTSD,则需要转介给专业治疗机构,这样才能帮助其解决问题。

6.SAFER 模型指导原则

1)管理视角而非仅仅专业视角

SAFER 模型不仅仅是危机干预的专业视角,更是基于危机后心身反应阶段性变化规律而具有的管理视角,需要多个部门联动,所以模型名称为"危机事件应激管理"(Critical Incident Stress Management)模型。有时候危机不仅仅涉及个体,还会覆盖到群体,这就要求我们具备管理视角。

2)干预工作而非心理治疗

危机干预工作不同于心理咨询与心理治疗等专业工作:第一,受训人员不仅仅是心理咨询师、社工,还可以是护士、护工、志愿者、家属、医生等人员;第二,设置灵活,它不需要固定的时间、固定的地点、固定的收费等设置。专业的心理咨询师和心理治疗师参与危机干预工作,需要转换工作思路,接受专业的危机干预培训。如果没有特别专业的知识,爱心和温暖则更有利于建立信任,提供的心理支持效果可能更好。

3)PIE 工作原则

危机干预的工作原则包括即刻、就近、简洁简短三个原则,该原则强调激发自身心理灵活性和康复力。危机事件一旦发生,最好第一时间就进行干预,并且最好是就近干预。

4)大系统工作视角

要站在一个大系统的工作视角去看危机干预,需要多维度综合考虑。要注意配合医疗、护理、政府等部门的工作,持合作和联动的态度,从系统的整合角度,而不能从单一角度、本位主义开展工作。心理工作只是大系统中的一部分,不能凭着一腔热血却反而给国家、社会添乱,需要在一个大的视角里看待自己的工作。

5)共情比模型重要

"要接纳、多共情、不做价值判断",一个满腹经纶、严格按照"理论模型"行事的专业人士,如果缺少共情,其干预效果可能远远不如一位有爱心、情商高的妇联工会干部或者街道大妈。

6)干预者的自我保健与接受督导

要可持续发展,保持持久的战斗力,不能只凭着满腔热血。危机干预者要想更好地助人,也需要做好自我保健。在做好自身预防的同时,鼓励家人和朋友按照科学的方式进行防护,在能力和精力允许的情况下,参加心理热线和援助工作。此外,干预者及时、定期接受专业的危机干预培训和专业督导也非常重要。当年的抗击非典、汶川抗震救灾、舟曲泥石流等经验都告诉我们,良好的自我保健可以让助人者保持好的身心状态,更好地投入工作。

7.SAFER 模型具体建议

1)多在躯体、行为层面进行干预

根据"三位一体脑"学说(即思维脑:大脑皮层;情绪脑:情绪中枢;爬行脑:脑干),当处于危机状态时,人们往往会出现杏仁核报警,整个情绪中枢都呈激活状态,皮层的控制功能、认知功能都较平时减弱,这就决定了在此情境下讲大道理无益,如果必须讲一些认知层面的话,一定要简洁简短。比如:"这位同学,我特别理解您的处境,以后再遇到类似的情况,请您记住一点:冷静!"人在应激的时候身体也是紧张紧绷的。因此,我们应该放松躯体,活动肩颈和腰背,让身体重新恢复能量,呈现灵活的状态,运用深呼吸等方式,直接作用脑干,让心跳缓下来、血压降下来。

2)多运用非言语信息

在危机干预的过程中,不仅仅可以用语言和文字,还可以借助非语言信息作为沟通手段。非语言信息包括面部表情、眼神,说话的语音、语调、语气、语速,以及身体姿势等。危机干预,最强有力的沟通元素也是非语言信息,我们要通过非言语信息去传递关切,提供支持。

3)加强"相对安全感",给恐惧建立边界

危机事件中,人们会感到不安全,避免试图给亲历者建立所谓的"安全感"。实际上没有绝对的安全和不安全,它只是一个维度,对于每个人是不一样的,所以更应该注重"相对安全感"。干预者要面对的是"过度"的焦虑和恐惧,尝试帮亲历者建立"相对安全感"。比如一个可以锁门的房间或靠墙的医生办公室,在内心给自己的恐惧感建立边界,找到现有环境中"相对有安全感的空间和时间",从而增强内在的稳定感。

8.SAFER 模型在高校危机干预中的运用

SAFER 模型的理念具有广泛适用性,并且在实践中取得了良好的运用效果。大学生群体在学习和生活中遇到相应危机事件时,我们也可以运用 SAFER 模型进行专业干预。该部分内容,我们将在第五章进行详细的论述。

大学生心理问题干预的IM-SAFER模型实践研究

心理咨询(Counseling)是指通过人际关系,运用心理学方法,帮助来访者自立自强的过程。因此,心理工作的关键在于助人自助。《国家教育事业发展"十三五"规划》明确提出"实现全员育人、全过程育人、全方位育人"(以下简称"三全育人")。高校三全育人的体系构建,以及高校自身具有的安全的空间环境及组织体系,也让面向大学生的心理问题干预具有互助与他助的可行性。因此,可以在高校发挥多元主体协同优势,通过"线上+线下"的形式,融合自助、互助、他助,全面建设大学生心理问题干预体系。

第一节　大学生不同类型心理问题干预的IM-SAFER 模型应用

一、大学生心理问题干预的 IM-SAFER 模型应用的总体思路

大学生心理问题干预的 IM-SAFER 模型应用的总体思路是:紧扣大学生心理发展特点,全面落实立德树人根本任务,将自助(I,即 Indepent)、互助(M,即 Mutual)、他助(SAFER)有机结合,实施全员育人、全过程育人、全方位育人,综合"线上+线下"多种手段,开展大学生心理问题干预,促进大学生心理健康,为大学生成长成才保驾护航。

其中,立德树人是高校教育的根本任务,高校所有的工作都必须紧紧围绕这一目标开展,大学生心理问题干预也不例外。

1.自助

开展大学生心理问题干预,必须高度重视学生主观能动性的发挥,强调自助。这既是心理工作助人自助原则的体现,也是学校教育"授之以鱼不如授之以渔"的体现。此外,在心理干预中,心理学工作者也会发现,针对同样的心理问题,不同的人有不同的适合自己的调适方式。比如,同样是想获得放松,有的人觉得自己跑步后能够得到放松,有的人觉得向值得信任的朋友倾诉能够得到

放松,而有的人则觉得躺在床上睡觉才是最好的放松,总之每个人会有自己合适的"处方",让自己的心和身进入到一个稳定的状态。只要这种调适方式是合理的,不伤害个体和他人的合法权益,在可接受的尺度里,我们就可以尊重对方采用自己合适的方式。心理问题干预,不仅仅是帮助大学生改善心理问题,更重要的是有目的、有计划地对大学生进行积极心理引导、心理困惑缓解,最终促进心理潜能开发、心理品质提升以及人格健全。从社会工作的角度而言,就是要对学生赋能,相信他们有这样的能力去迎接挑战、解决困难。这也是教育的目的。

2.互助

基于社会心理学的观点,我们每个人都是处于社会互动之中的,人与人之间会相互影响。大学生生活在同龄人高度密集的地方,也会深受朋辈群体的影响。大学生的一些心理问题,往往是与该同学密切接触的同学、室友能在第一时间发现异常。因此,在大学生心理问题干预中,除了强调学生本身的自我调适,以及高校心理咨询相关教师积极发挥作用,还要重视大学生朋辈群体的力量。积极发挥室友、班级同学、宿舍楼长、心理社团、班级心理委员、学长学姐等的作用,协同开展工作。一方面,通过心理健康教育课程、525 大学生心理健康月系列活动、心理健康教育讲座等多种方式,向全体大学生开展心理健康教育,树立心理健康意识,以及理解互助的重要性。另一方面,要开展对学生心理骨干(班级心理委员)的朋辈心理辅导胜任力培训,提升学生心理骨干的工作水平。通过打造心理育人骨干培育、项目实践、能力展示、知识共享等方式,有效提升学生内在稳定心理素养,充分发挥学生骨干的朋辈助人力量。

3.他助

他助就是 SAFER,包括以下 5 个部分:

(1)S,即 Stabilize,稳定化,也就是发挥不同群体的优势,使感到心理困扰的大学生先稳定下来。首先,任何一个人都有可能在这个过程中发挥稳定化作用。比如,后勤服务人员为同学及时解决一个看似很小但对其来说又很紧急的生活保障问题;室友在一旁默默陪伴或者为哭泣的同学递上纸巾;心理咨询中心教师在接到学生求助电话时使用温暖而又坚定的语言回复等。其次,要建立相对安全感。当面临困境,特别是遇到突发公共事件时,要寻找绝对安全的环境是不太现实的,我们可以在相对安全的环境中,尽情地放松一下自己,加强内在稳定性,降低情绪紧张。比如,当所在学生团体情绪不稳定的时候,辅导员老师站出来,用简洁、温暖而又坚定的语气说"我们一定要互相帮助,大家一定要冷静!"等诸如此类的话语。说话者的口令一定要简明清晰,注意自己的语音、语调、语速、眼神等非言语信息,把这种笃定的感情带到团体内部,降低紧张气氛。最后,要增加社会联结。包括鼓励家人、朋友对大学生以电话、微信等方式进行富有温情的沟通交流,或者见面时给一个温暖的拥抱等,都可以为学生提供良好的社会支持。

(2)A,即 Acknowledge the crisis,认识危机,也就是邀请大学生叙述整个危机过程,发生了什么,他做了什么等。这个工作可以由专业的心理咨询师完成,也可以是让来访者感到信任、具备一定心理疏导知识与技能的人完成。要善于倾听,鼓励当事人讲述事情的经过。干预者要通过对方的叙述了解两方面内容:一是了解危机事件经过本身。二是了解亲历者的身心反应,即他在这个过程当中有什么反应。这个反应应当是五个层面的,包括认知层面、情绪层面、生理层面、行为层面、三观(世界观、人生观、价值观)层面。要鼓励当事人分享自己在这五个层面的反应,比如,自己有什么样的想法,出现什么样的情绪,身体上有什么不舒服,自己有什么行为,自己的人生观有什么改变等等。而当事人讲述和分享的这个过程,也可对其起到一定的情绪宣泄作用。比如大学生在讲述中忍不住大哭,在这个过程中随着眼泪的流出,其负性情绪也会得到一定的宣泄和调节。在倾听过程中,干预者一定要做好共情和理解。共情是指在与他人交流时,感同身受,并对对方的感情做出恰当的反应。如果暂时没有倾听讲述的条件,也可以让大学生通过记日记的方式,记录自己对这个危机事件过程的理解,以及自己在认知、情绪、生理、行为、三观等五个层面的反应。而在这个叙事的过程中,当事人已经对负性事件进行了自己的重新解读,并得到了情感宣泄,在一定程度上可以减轻压力。

（3）F,即 Facilitate understanding,增进理解。利用上一阶段获得的信息,增进亲历者了解自己遇到危机时在认知、情绪、躯体、行为、三观（世界观、人生观、价值观）等五个层面的"异常反应",并理解这些反应都是"正常人群对于非正常事件的正常反应"。通过心理教育,让其正视这些反应,从而轻装上阵。

此外,对"危机"进行全面解读也是非常有必要的。通常大家想到危机都只看到了其危险和威胁的一面,但事实上,危机包括"危"和"机"两个含义。如果是不恰当的应对,则是"危",会给个体和团体带来危险和威胁,造成心理创伤;而如果能够恰当地应对,则是"机",也就是给个体和团体带来机遇和挑战,促进其成长成熟,见图 5.1。这和中国古语所说的"祸兮,福之所倚;福兮,祸之所伏",以及"塞翁失马,焉知非福"有异曲同工之妙。它们都告诉我们,应当用发展、辩证的思维去看待问题。

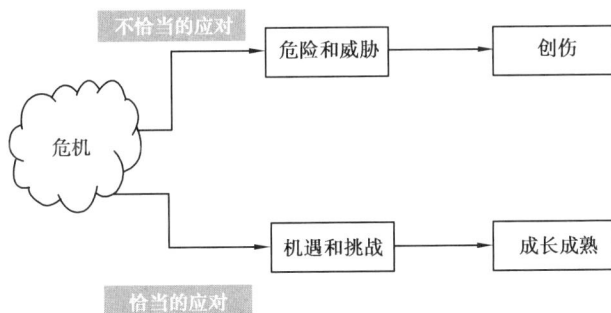

图 5.1　对"危机"的解读

(4) E,即 Encourage effective coping,鼓励有效的应对。一方面,要充分挖掘和利用当事人的有用的资源。这些资源包括:个体对正性生活事件的记忆、正性关系的记忆、想象性资源、业余爱好、娱乐活动等。比如,一名大学生和父母的感情非常好,那么父母就是他遇到困扰或者危机事件时可以利用的对自己有用的资源,可以鼓励他主动打电话给父母进行交流;又比如,一个女生特别喜欢插花,能够大半天完成一个插花作品还不觉得累,仍然兴致盎然,那么当她遇到困扰时,可以让她通过插花这项活动来引导其积极调适。总之,要帮当事人确定并加强"内在和外在资源"。另一方面,就是给当事人安排一些任务,让他有事可做,感觉到生活充实,找到内在的控制感。比如,对于一个在疫情期间被封闭在宿舍里觉得"我现在什么都做不了"的女大学生,我们就需要帮她把目标聚焦于她能控制的方面,比如"你能画画吗?""这个能!"通过聚焦,鼓励她在居寝隔离期间把自己在网络媒体上看到的、自己想到的内容用画笔画出来,帮她找到内在的控制感。

(5) R,即 Recovery of Referral,转诊。当重大的危机或创伤出现的时候,人群会出现两类反应:一种是阳性反应,比如亢奋、话多,人处于激越状态,这种就是高唤醒水平;另一种是阴性反应,其特点是低唤醒水平,反应迟缓。此外,当事情来的时候,有的正常人群可能是功能性的,即白天比较亢奋要工作,晚上就会进入低唤醒水平状态,这是比较健康的。在未来,随着危机事件逐渐得到控制,高唤醒或低唤醒水平的强度越来越弱,发生的频率也会越来越小,这是正常的心理反应;但如果在危机事件已经得到控制的情况下,仍然每天高频率的失眠、噩梦,且没有任何变化的话,那此人可能就出现心理障碍了,如图 5.2 所示。有的人本身就有创伤,经历危机事件后可能会唤醒创伤,出现不同的反应,因此还要做其他精神障碍的鉴别,对于出现严重精神障碍的患者,需要服用药物,以及建议其及时就医。此外,在交流中要注意评估对方有没有可能是 PTSD(创伤后应激障碍)。若有需要,则可转介给心理治疗、药物治疗的上一级治疗机构,从而更好更及时地帮到他们。

（a）心理反应

（b）心理障碍

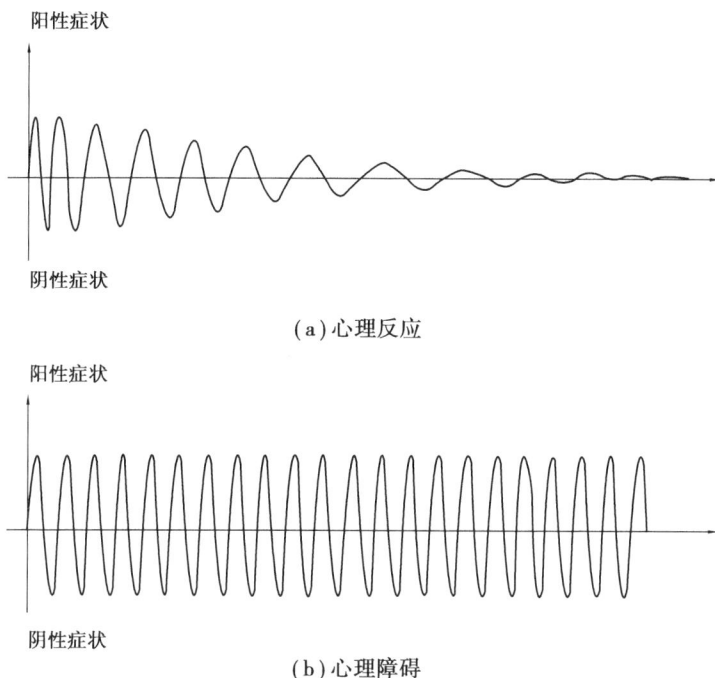

图 5.2　危机后的心理反应和心理障碍

4.全员育人

全员育人就是要挖掘不同育人主体力量,形成特色心理育人队伍。强调育人主体统筹协作,信息共享,根据不同育人主体的岗位特征和职责,引进校外资源,联动推进学生心理健康教育工作向发展性和提升性心理健康教育体系的转变,打造"心理育人督导队伍"（校外心理咨询专家）、"心理育人保障队伍"（医院精神科专业人士）、"心理育人专业队伍"（学校专兼职心理咨询师）、"心理育人骨干队伍"（辅导员、班主任、思政课教师、社区辅导员、学校社会工作者等）、"心理育人协同队伍"（专业课教师及管理服务人员等）五支特色心理育人队伍。实行校院联动、家校联动、校医联动三联动,建立"学校、学院、班级、宿舍四级畅通,学生、学校、家庭、医院、民警五方协作"的工作机制,协同化助推学生发展。

5.全过程育人

全过程育人就是将心理育人贯穿大学生成长成才全过程。针对不同年级开展不同主题的教育,科学化助推学生发展。《2022 年大学生心理健康状况调查报告》显示,生涯规划、生活方式、恋爱状态对大学生心理健康状况有明显影响,这些因素都是贯穿整个大学生涯的。纵向关注学生的入学适应、成长提升、生涯选择等重要阶段,使学生在学业发展和青春成长的每个特定阶段都有心理健康教育的关怀。通过系统设计、分步推进、全程实施,培养学生良好的职业品质和行为习惯,解决心理困惑,促进其成才成长。

6.全方位育人

营造全方位育人氛围,在整体教育中全方位渗透心理健康教育。可结合与学生关系密切的校园文化环境、专业课教学、志愿服务活动等,从优化环境、寓于活动、统筹资源等途径出发,制订心理健康教育全方位育人实施方案,营造良好的育人环境,形成"课程教学、实践活动、咨询服务、预防干预、平台保障"的"五位一体"心理育人体系。通过体制机制和载体创新,实现课内教学与课外教育、理论学习与实践活动、校园引导与社区管理、集体培育和个体修养等培养路径的有机结合。

7.综合"线上+线下"多种手段

紧扣互联网时代发展趋势,在线下积极开展心理问题干预的同时,充分运用官方网站、微信公众号、抖音短视频等多种线上方式,开展生动有趣的心理健康知识与技能的普及,通过网络对在校外实习的学生进行远程授课,以及通过一站式服务平台开展心理咨询预约、网络心理咨询等,破解时空距离难题,共同助力大学生心理健康。

大学生心理问题干预的 IM-SAFER 模型应用的总体思路如图 5.3 所示。

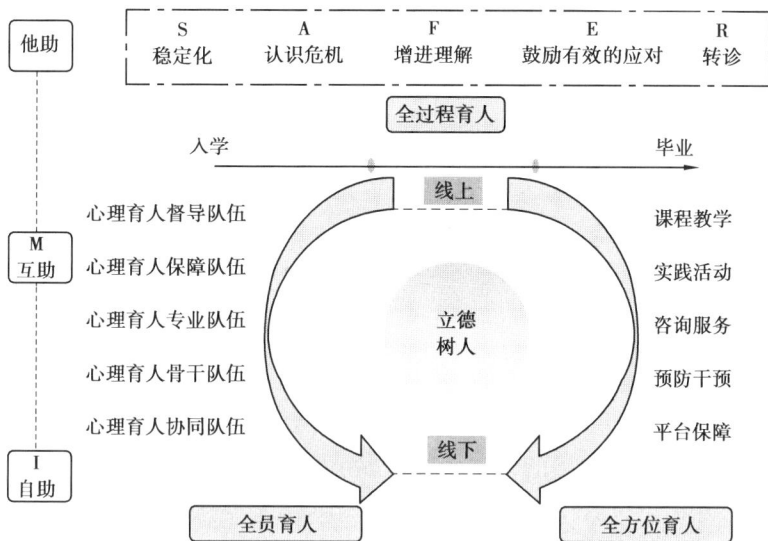

图 5.3　大学生心理问题干预的 IM-SAFER 模型应用的总体思路

二、大学生适应问题干预的 IM-SAFER 模型应用

适应问题是大学新生常面临的心理问题之一。在适应问题的干预上，按照 IM-SAFER 模型应用的总体思路开展工作。同时基于大学新生入学实际，还需注意以下方面：

（一）尊重个体差异，营造良好氛围

每个人都有适应的潜能，但由于先天因素和后天环境、教育等方面的差异，也有自己的个性和节奏。比如，不同气质类型的人，在适应新环境和新生活的方式和速度上可能是有差别的。通常多血质的人，反应速度快、灵活性高，适应新环境更快；而粘液质、抑郁质的人，在灵活性上相对弱些，速度慢些，对新环境的适应要慢些。但是只要在一定时间范围内（正常情况下一到两个月之内）完成适应过程，都是正常的。如果过多干涉，要求粘液质、抑郁质等气质类型的大学生像多血质的人那样在同样短的时间内适应，则可能会打乱他们的节奏，引起过大压力，引发焦虑、自卑等情绪。因此，要充分尊重个体差异，允许他们在

一定范围内以自己的节奏来适应新生活。

（二）拓宽人际资源，充分运用共情

在稳定化过程中，要充分考虑大学新生的处境，拓宽人际资源，助力大学生顺利完成适应的过程。在学校，寝室室友、宿舍管理员、社区辅导员、班级辅导员、班级同学、学校社会工作者，包括学长学姐分享自己过去的小经验，甚至后勤服务人员等一句充满理解的话和一个暖心的小行动，都可能会起到稳定化的作用。此外，学生家人、亲朋好友、关系较好的高中同学和老师等，通过电话、微信等方式进行交流，给学生宣泄负面情绪的机会，探讨解决问题的办法，也可能会给大学生顺利度过适应的关口带来力量。但也要注意合理辨别，科学引导。比如有的高年级学生给适应困难的新生提供共情和帮助的同时，也有可能会传授一些不恰当的理念或者非正常的应对方式。这些要注意引导，避免对新生造成误导。此外，有的高校招生处在向新生发放录取书时附上新生入学小贴士，在新生入学前通过学校官方微信介绍大学生活基本情况、新生辅导员信息等，也能在一定程度上帮助新生在入学前对大学生活有一定了解，事先做好准备，对尽快适应新生活有一定帮助。

（三）开展心理教育，鼓励充实生活

面对适应困难的大学生，在稳定化的基础上，教师、辅导员等还要积极开展心理教育，让其意识到面对环境的变化，个体感到焦虑、不舒服等困扰，是一种正常反应。同时，也要通过班级活动、新生适应讲座、新生团体辅导等多种方式，鼓励其正视困难，学会有效的应对技巧，积极适应新的变化。也可以传授一些解决问题的方法，为其解决问题提供一定的可供借鉴的思路。此外，鼓励其积极寻求社会资源，比如参加自己感兴趣的活动、加入自己感兴趣的社团、志愿服务等，让生活变得充实起来。

（四）尽快完成心理建档，及时转介治疗

心理咨询中心要积极关注新生心理动态，尽快开展心理普测，进行心理建

档，了解其心理健康状况。对于适应确有困难的新生，应鼓励其到学校心理咨询中心进行咨询，在心理咨询师的专业帮助下做好自我调适，积极适应大学新生活。心理咨询中心还可以针对有相似问题的同学组织开展团体活动，通过团体辅导的方式让其一方面感受到自己不是孤独的，另一方面也能在团体动力下更好地适应大学生活。如果发现中小学期间就有过抑郁症或其他心理疾病史的同学要多关注，追踪随访，必要时转介到医院精神科等专业机构，尽快进行治疗。

三、大学生学习问题干预的 IM-SAFER 模型应用

学习问题也是大学生常见的心理问题。在学习问题的干预上，仍然按照 IM-SAFER 模型应用的总体思路开展工作。同时，基于大学学习实际，还需注意以下方面：

（一）重视舆论影响，加强学风建设

注重舆论引导。当前社会上仍有一些诸如"认为大学学习不重要""考试六十分万岁"等片面观点，包括有些高年级学生可能会向学弟学妹传递一些消极思想，比如这个专业不好找工作、没意思，某某课考核很宽松等。这些观念都会在一定程度上影响大学生的学习动机、学习态度以及相应的学习行为。教育工作者需要在学校和班级进一步加强学风建设，引导大学生端正学习态度，合理制订学业计划，通过自身努力实现学业目标。同时，还可以通过开设大学生学习支持性小组、大学生学习适应心理讲座、心理班会等多种方式营造良好的学习氛围，在团队的动力下推动大学生学习动机的提升。

（二）针对主要问题，做好思想引导

有一部分大学生对学业很重视，但在大学生活中因为时间相对宽松，活动平台相对宽广，再加上受周围部分同学的影响，也会在学习中存在困惑，阻碍其

良好学习行为。因此要注重对大学生的思想引导,在干预中特别要注意引导学生处理好三类关系:

一是处理好社会实践、课外兼职与学习的关系。与初高中相比,大学提供了更为广阔的实践平台。大多数大学生渴望能够在大学中发展兴趣爱好,进行社会实践,包括参加社团活动、志愿服务、校外兼职等,以培养自己的人际沟通、统筹协调等能力,为将来进入职场、进入社会做好准备,这与"一心只读圣贤书"的学习相比是有积极意义的。但有的同学花了太多的时间在社会实践、课外兼职等方面,导致上课缺勤次数多,学习成绩差等,有的甚至期末考试不及格,不得不补考或者重修,甚至导致无法按时毕业,这就有点本末倒置了。因此要引导大学生处理好社会实践、课外兼职与在校学习的关系。

二是处理好网络休闲娱乐与学习的关系。俗话说,劳逸结合,张弛有度,休闲娱乐需求也是个体的正常需求之一。适当的休闲娱乐,不仅能够陶冶情操,还能提高学习和工作效率。互联网技术、智能手机的普及给我们提供了更为广阔的视野和更为便捷的生活方式。特别是对于接受新鲜事物快的大学生而言,网络成为其获取资讯、人际交往、休闲娱乐的重要方式。互联网给大学生的学习和生活带来了巨大的改变。但在这个过程中,不少大学生由于自控能力不足,整日沉溺于网络,熬夜看视频、打游戏等,造成网络成瘾,沦为网络(或者手机)的奴隶,这不仅影响了身体健康,也影响了正常的学习,导致成绩一塌糊涂。因此,需要引导大学生处理好网络休闲娱乐与学习的关系。

三是处理好恋爱与学习的关系。追求亲密感,克服孤独感,是大学阶段心理发展的一个重要任务。渴望异性的关注,期待与心爱的对象一起共同进步,为将来建立幸福的家庭做好准备,这对大学生的发展来说是有着积极意义的。但少部分大学生把精力过多地投在恋爱上,特别是由于大学生尚处于心理发展还未完全成熟的阶段,恋爱中可能会出现许多波折,容易因为这些问题影响学习状态,甚至出现因为恋爱问题无法将精力放到学习上、学业成绩不良等情况。

因此,需要引导大学生处理好大学期间的恋爱与学习的关系,促进自己与对方更好地成长。

（三）保持家校联动，拓展支持资源

在大学生学习问题干预中,校内的班级辅导员、任课教师、班级同学、宿舍室友、宿舍管理员、教学管理和学生管理工作人员等都可以是学习问题干预的重要力量。校外的企业兼职教师,行业内的优秀校友等,也都可能成为激励大学生努力学习,帮助其有效应对学习问题的资源。此外,学生家长对子女大学期间学习的认识和态度、意见和建议也会对其产生影响。因此,还需要实施家校联动,通过电话、微信等方式与家长沟通,方便家长更好地了解子女的学习情况,家校合力共同促进学生应对学习问题,走向更美好的未来。

（四）加强方法指导，提升学习能力

大学学习不管在学习内容上,还是在学习方式上都与中学阶段有较大差别,对学习者的学习能力提出了更高的要求。基于此,出现了一部分大学生学习目标明确,学习态度端正,但由于学习能力不足造成学习成绩欠佳的现象。他们觉得自己上课很用心,下来复习也很用功,但收效甚微,感到非常苦恼。因此,学校还应当加强对学生学习能力方面的培训,特别是在学习方法、学习计划的制订等方面进行有针对性的指导,帮助大学生掌握适合自己的高效学习方法,更好地完成学习任务。在这个过程中,大学生可以不断提升自己的学习能力,以及解决困难的能力,为将来进入社会做好准备。方法指导可以通过讲座、开展学习支持小组,邀请优秀学生分享经验等方式进行。在这个方面的指导者,既可以是心理咨询师、心理健康教育教师、专职辅导员,也可以是具体的任课教师,如英语课教师、专业课教师等。

四、大学生人际关系问题干预的 IM-SAFER 模型应用

人际关系问题是大学生普遍存在的一个心理问题。其中,宿舍人际关系又

是大学中最常见的人际关系问题。在人际关系问题的干预上,仍然按照 IM-SAFER 模型应用的总体思路开展工作。同时,基于人际关系的特殊性,还需要做好以下方面。

(一)调动多项资源,促进稳定化

人际关系对个体的身心健康有着重要的影响。在人际关系问题干预中,需要调动多项资源,促进当事人的稳定化。一是注意发挥多方的人力资源的作用。宿舍同学、班级同学、班级辅导员、社区辅导员、宿舍管理员、学校社会工作者、心理咨询师等,甚至是食堂打饭的师傅、打扫教室清洁的保洁人员,都有可能是促进当事人稳定化的重要人员。还要注意挖掘校外资源,如家人、亲戚,值得信任的朋友等,他们都可能是促进当事人稳定化的有力资源。二是鼓励当事人寻找自己的可用的资源。一个兴趣爱好,一个让他感觉到温暖和放松的角落,一张励志的图片,或者是一个让他觉得充满力量的动作,都有可能是促进其稳定化的资源。

(二)鼓励倾诉,促进情绪宣泄

俗话说:清官难断家务事。人际关系的问题,特别是宿舍里的人际关系问题,也跟家务事一样难断。大部分的人际纠纷问题,很难说谁绝对对、绝对错,但大家都觉得自己委屈。教育工作者要站在平等的角度,让与问题相关的每位同学都有平等的倾诉机会,获得尊重和理解。这既是促进其情感宣泄,也是帮助教育工作者全面地了解信息,做好调解引导的前提。此外,人际关系问题通常伴随着孤独、愤怒、委屈、悲伤等负面情绪,这些情绪如果长期存在,就会严重影响个体的身心健康,甚至会造成较大的恶性事件等。因此,还要鼓励大学生在问题发生后,选择通过倾诉、运动、放松训练等适合自己的方式,进行情绪宣泄。

(三)加强心理教育,增进问题理解

人际关系问题的应对,也离不开当事人对事件和他人合理的认知。幼年时

期的个体,看待问题容易两极化,非黑即白,非好即坏。进入成年初期的大学生群体,在思维上开始逐渐转向辩证的思维,但出于自身生活阅历的局限、心理发展尚未成熟等原因,仍然存在看待问题不够全面客观、偏激等问题。绝对化要求、过分概括化、糟糕至极,这些不合理的信念,会影响其以平常心看待人际关系问题。因此,加强心理教育,促进其对人际关系的合理认知,是非常有必要的。

心理学工作者通常运用认知行为疗法来进行干预。认知行为疗法强调改变认知消除负面情绪,基本的概念包括:(1)人对于自己的行为,都会进行暗自评估或者预期;(2)负性的自我认知会产生焦虑情绪,妨碍行为的表现;(3)通过改变不合理的认知,加上反复的练习,能够缓解焦虑情绪。其中最为典型的是合理情绪疗法(Rational-Emotive Therapy,简称 RET)。

合理情绪疗法是 20 世纪由爱丽斯(Ellis)在美国创立的,在心理咨询中使用甚广。其理论的要点是:情绪不是由某一诱发性事件本身所引起的,而是由经历了这一事件的个体对这一事件的解释和评价所引起的。这一理论又被称为 ABC 理论。其中,A 是指诱发性事件(Activating Events);B 是指个体遇到诱发事件之后相应而生的信念(Beliefs),即他对这一事件的看法、解释和评价;C 是指在特定情景下,个体的情绪及行为的结果(Consequences)。通常,人们会认为人的情绪及行为反应是直接由 A 引起的,即是由 A 引起了 C。但 ABC 理论认为,诱发性事件 A 只是引起情绪及行为反应的间接原因,而 B——人们对诱发性事件所持的信念才是引起人的情绪及行为反应的更直接的原因。因此,我们需要帮助来访者与不合理的信念进行辩论,也就是 D(Disputing),进而达到新的情绪和行为的治疗效果,也就是 E(Effects),形成 ABCDE 模型,见图5.4。

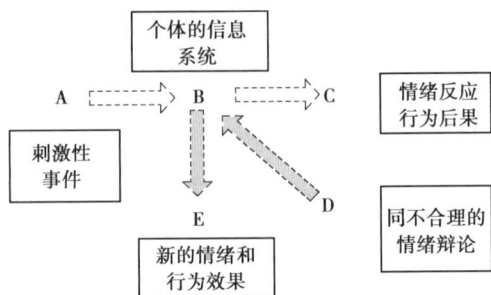

图 5.4　ABCDE 模型

为了方便大学生理解与记忆,合理情绪疗法可以用"情绪 ABC"来概括。只要运用得当,"情绪 ABC"在大学生人际关系问题、学业问题等多个方面的心理教育、情绪调适中都可以发挥积极的作用。

(四)开展团体辅导,提升人际交往能力

人际关系问题的解决,需要在实际的人与人之间的互动中训练和提升人际沟通技能,以及应对问题的技巧。因此,解决大学生的人际关系问题,团体辅导(在心理咨询中称为"团体辅导"或"团体咨询",是相对于个别咨询而言的;此外,在社会工作领域则称为"小组活动")是一种非常有效的方式。团体辅导是一种在团体的情境下协助个体开发心理潜能或解决心理困扰的一种心理辅导方式。通常由一到两名团体带领者和多名团体成员共同参加几次或十几次团体聚会或活动。在团体活动中,成员通过团体内的人际互动,可以感受到团体的温暖;可以共同讨论大家关心的问题;可以彼此启发反馈,相互支持鼓励;可以通过自我反思、相互沟通等,增进对自己的了解和接纳,更有效地影响或改变个人的某些自我概念或想法;可以在团体中学习如何调整和改善与他人的人际关系,通过行为训练和情绪表达训练等,学习新的良好行为方式。最终提高社会适应性,促进人格成长,以及促进个体的人际交往能力的提升。因此,心理咨询中心可以组织开展人际交往团体活动,提升大学生的人际交往能力。

五、大学生就业与创业问题干预的 IM-SAFER 模型应用

就业与创业是当前大学生普遍存在的心理问题。在就业与创业问题的干预上,仍然按照 IM-SAFER 模型应用的总体思路开展工作。同时,还需要做好以下方面:

(一)多方联动,营造良好就业创业氛围

大学生的就业创业与其学习任务的完成是紧密相连的。因此,就业与创业问题的干预,绝对不仅仅是学生辅导员、就业指导中心、心理咨询中心老师等少部分教师的工作,更是需要全校联动的重点工作,特别是专业课教师,在学生就业与创业工作中将起到重要的引领和指导作用。此外,本专业已经毕业的校友,来自行业的专家、兼职教师也将为学生的就业创业起到良好的引领作用。同时,与其他职场人士相比,大学生由于工作经验不足,在应聘时可能并不占优势,需要学校向政府积极献策建议,争取对大学生就业创业的优惠政策。因此,需要多方联动,营造良好的就业创业氛围。

(二)立德树人,注重为大学生赋能

丰厚的知识底蕴、扎实的专业技能、过硬的思想品质、良好的沟通能力等是大学生就业、创业必备的素质与能力。无论是应聘机关、事业单位、国有企业,或是到民营企业去一显身手,还是自主创业,良好的综合素质与能力都是优势与条件,也是在竞争中立于不败之地的资本。因此,不管外面渲染的就业形势如何严峻,首先都要大学生自己珍惜宝贵光阴,刻苦学习、潜心钻研,掌握丰富的专业知识和技能,成为国家、社会需要的优秀人才。要培养自己的创新思维能力、沟通协作能力、组织协调能力、管理能力、语言表达能力等,为毕业后就业与自主创业做好充分的准备,打下坚实的基础。同时,也要注重思想品格的锤炼,培养良好的心理素质、积极的心态、乐观的精神,能够客观面对就业与创业

过程中出现的挫折,坚持不懈地努力。因此,学校应当进一步加强对学生知识、技能与素养的培养。坚持立德树人的根本任务,将通识课程、专业课程、心理健康教育、思想政治教育、就业指导教育、创新创业教育、劳动教育等有机融合,为学生赋能,提升本领,促进学生在就业创业中树立正视困难、勇于迎接挑战的信心。

(三)加强指导,提升大学生就业创业能力

还需要针对大学生在就业创业中存在的主要困难,进行具体指导。比如,在大学生就业指导课程中,指导学生学会根据职场和自身实际,科学制定职业生涯规划,撰写个人简历,以及做好面试准备;在创新创业课程中,指导学生学会创新思维,做好市场需求调研,结合自身实际启动创业项目;在劳动教育课程中,指导学生将社会实践与了解职场信息、促进自身发展进行有机结合,培养学生吃苦耐劳、爱岗敬业的精神;在安全教育课程中,指导学生树立安全意识,掌握必要的安全知识与技能,在职场中保护好自己;在心理健康教育课程中,指导学生形成合理的自我意识,掌握必要的心理调适方法,更好地应对在职场中可能面临的压力。

六、大学生恋爱与性心理问题干预的 IM-SAFER 模型应用

恋爱与性心理问题是大学生普遍存在的一个心理问题。在恋爱与性心理问题的干预上,仍然按照 IM-SAFER 模型应用的总体思路开展工作。同时,还需要做好以下方面。

(一)家校合作,共同引导学生树立正确的婚恋观

重视原生家庭环境改善与学校思想教育结合,家校共同协作,多方面全方位培养子女正确的婚恋观。一是学校教育工作者要保持与家长的联系和沟通,通过各种途径将学生的身心发展状况和学习生活情况反馈给家长,与家长协同,帮助和引导学生树立正确的婚恋观。二是向家长强调家教家风的重要作

用,鼓励夫妻之间优化沟通,积极传承优良家风,营造和谐家庭氛围,让子女感受到家庭的温暖,树立对婚姻的信心。父母确实关系不好或已经离婚的,也尽量避免在子女面前说对方的坏话,在与子女沟通时或是当子女面临重大问题需要父母支持时,双方能够求同存异,统一口径。三是学校可以引导家长以更为民主轻松的方式与孩子沟通,善于与孩子交朋友,学会采取恰当的方式关注和关心孩子的成长,引导孩子与异性正常交往。

（二）提炼优化,积极营造良好的婚恋环境

立足中国本土文化,在全社会营造良好婚育氛围,促进个人、家庭、社会的共同发展。一是弘扬中华民族家庭美德,将家国情怀、优良家风传承、家庭责任感等理念有机融入现代新型婚恋观中。二是充分尊重个人发展,融入现代文明理念,纳入社会性别和发展视角,倡导适龄婚育、代际和谐、性别平等、责任共担的新型家庭文化。三是优化形式,紧跟信息化时代的节奏,将传统媒体、新媒体综合运用,特别是利用互联网这一平台,围绕大学生心理特点,打造浅显易懂、生动有趣的推文、微视频等,帮助大学生树立对爱情、婚姻的信心,引领婚恋新风尚。

（三）精准施策,开展积极的教育引导

大学生处于心智逐渐成熟的关键期,大学期间的价值观念、文化意识对他们人生观和价值观的形成有着重要的影响[①],因此学校针对学生的教育引导必不可少。一是要从生命历程全周期的角度,在学校教育中增加生命观、婚恋观、家庭观的引导,增强大学生对生命历程各个阶段婚育知识的了解,普及相关法律知识,倡导两性交友过程中互相尊重观念,塑造新型婚育文化。二是要加强品德、能力和素质的培养,让学生将主要精力投入到专业知识的学习和适应社会生活能力的累积上,夯实今后事业成功的基础,引导他们正确处理好个人发

---

① 张纪霞. 大学生婚恋观调查及教育引导对策研究[J]. 江苏理工学院学报, 2015, 21(5): 111-114.

展和婚恋的关系,摆正专业学习与爱情、婚姻的正确位置,把握良好的择偶标准、道德规则,避免学习和生活中的不文明和不成熟行为,建立积极、健康的婚育观。三是通过丰富多彩的教育和活动,培养大学生对情感生活、家庭生活的尊重意识、诚信意识和责任意识,传递积极、健康、美好的婚恋观、家庭观和生育观,开展培养爱的能力、两性沟通技巧的学习和训练。四是针对男女两性的心理差异,分别向男生和女生开展有针对性的宣传教育和训练。比如,让男性主动承担在家庭家务劳动中的责任;开展女性成长小组,为女性赋能,鼓励其树立对未来事业发展和婚姻家庭生活的信心。五是加强大学生性教育。目前我国的性教育尚未成熟,很多大学生可能抱着懵懂、好奇、游戏的心态,通过网络等形式了解性,一方面容易遭遇网络诈骗,另一方面也对性的知识一知半解,甚至在实际的两性交往中可能因为受到部分网络信息的误导,造成对双方身心的伤害。因此,有必要与医院、卫生管理部门等联合,加强大学生性健康教育,使同学们更全面地了解性知识,更加理性地对待性,并控制好自己的性行为。

(四)合理引导,开展针对性心理咨询

大学生比较容易面临恋爱与性方面的心理困扰。比如有的同学面临穷追不舍的追求者,不知如何做到既有效拒绝又不伤对方面子;有的同学被分手,自己一时之间难以承受失恋的痛苦;有的同学与恋爱对象在外租房同居,不幸意外怀孕,不知该如何应对等。因此,除了保持家校合作,开展有针对性的教育引导,鼓励大学生在遭遇婚恋与性问题时主动进入心理咨询室,向心理咨询师倾诉自己的苦恼,也是非常有必要的。大学生来访者在安全的环境下,向咨询师倾诉,一方面可以得到情绪宣泄,另一方面也可以在咨询师的帮助和引导下对自己所面临的问题有更合理的认识,进而进一步探索适用于自己的解决办法。此外,还有一部分大学生是由于受原生家庭的影响而无法建立对婚姻、恋爱的信心,或者不知如何与恋人相处。对于这部分大学生,专业咨询师可以通过家谱图等家庭治疗技术,帮助他们全面客观地认识原生家庭对自己的影响,用更

为积极的视角去面对自己的恋爱与婚姻。此外,还可以通过行为训练等方式,鼓励其在生活中掌握良好的两性沟通技巧,培养和提升自己爱的能力。

七、大学生性格与情绪问题干预的 IM-SAFER 模型应用

性格与情绪问题也是大学生常见的心理问题。其中,个体性格的形成是个体先天和后天长期作用的结果,虽然改变起来相对缓慢,但性格仍然有一定的可塑性,也就是只要个体愿意坚持,是可以得到一定的优化的。包括许多年过花甲的老年人,由于自身强烈的改变意愿和积极调适,性格都有可能得到优化。情绪问题的干预,则主要是个体要做好情绪的管理。在性格与情绪问题的干预上,仍然按照 IM-SAFER 模型应用的总体思路开展工作。同时,结合情绪管理的特点,可以在实际工作中引导和鼓励大学生通过以下方法调适自己的情绪:

(一)合理宣泄

在 IM-SAFER 干预模型的各个阶段,合理宣泄是非常有必要的。心理学研究表明,通过情绪的适度宣泄,可以把不良情绪释放出来,从而使个体的心情得以缓解、放松,达到减少身心伤害的效果。宣泄的方法可以是倾诉、畅快地哭一场、在旷野中大声喊叫、运动等。进行情绪宣泄,要注意合适的场合和对象,并且也要把握一个度。比如可以在旷野中大声喊叫,但不适合半夜在宿舍里大声喊叫,打扰他人休息。可以通过运动来进行宣泄,但如果自己平时的身体不太适合在操场上跑太多圈,那么就只跑几圈为宜,以免运动过度对自己的身体造成伤害。通常高校心理咨询中心都建有宣泄室,有需要的同学可以申请到宣泄室去进行情绪宣泄,从而达到调适情绪的作用。

(二)调整认知

在前面的人际交往问题干预中,我们提到可以通过一些心理教育来进行调

适,其中一个方法就是认知行为疗法。在情绪问题的干预中,认知行为疗法也是一种非常实用的方法。其中又以合理情绪疗法(Rational-Emotive Therapy,简称 RET)为代表。其要点就是情绪不是由某一诱发性事件本身所引起的,而是由经历了这一事件的个体对这一事件的解释和评价所引起的。因此,可以通过合理情绪疗法,调整对事件的认知,进而调整个体对事件的情绪。

(三)积极暗示

实践证明,暗示能对人的不良情绪和行为有着奇妙的影响和调控作用,既可放松过分紧张或愤怒的情绪,又可用来激励自己。因此,在情绪问题的干预中,可以鼓励学生采用内部语言或书面语言对自己进行积极暗示。例如:默想或用笔在纸上写出:"淡定""冷静""三思而后行"等语句;用简短、有力、肯定的语气反复默念:"相信自己""坚持就是胜利"等;以"胜败乃兵家常事""塞翁失马,焉知非福"等来安慰自己,消除焦虑、抑郁和失望等。

(四)自我放松

身和心是密切相连的。个体也可以通过身体的放松来进行调适。自我放松是一种通过自主调节身体的主动放松来增强自我调控能力的方法。自我放松训练中较常用的是渐进式放松法。其原理是通过让个体有节奏地控制自身的肌肉收缩、放松,并反复交替,使自己体验到从紧张到松弛的过程,了解到自己的紧张状态,从而达到全身心放松的目的。此外,深呼吸、想象放松、音乐放松也是很不错的放松方式。在危机干预时,我们可以引导来访者采用"蝴蝶拍"的方式抚慰自己,这种放松就像在母亲温暖的怀抱中一样,也能起到调适紧张情绪的作用。不管是哪种放松,都需要具备五个方面的条件:①安静的环境;②专注;③顺其自然的态度;④身体舒适舒展;⑤逐渐放慢的、深度的呼吸。

(五)注意力转移

当个体的情绪激动时,为了使它不至于爆发和失控,可以有意识地转移注意力。把注意力从引起不良情绪反应的刺激情境转移到其他事物或自己感兴趣的事物上去,比如换个环境坐坐、外出散步、打球、跳舞、看一场喜剧电影、读小说、唱歌、外出旅行等。通过注意力转移,寻找到新的快乐,并在这个过程中可能会对引起不良情绪的事件有更为理性的认识。

（六）参与艺术活动

随着心理咨询技术的发展,表达性艺术治疗逐渐成为一种有效的治疗技术,并在更为广阔的范围内使用。音乐、绘画、园艺、舞蹈、书法,都可能成为促进个体情绪调适、获得心理成长的方式。专业心理咨询工作者可以通过音乐治疗、绘画治疗、园艺治疗、舞动治疗等技术帮助来访者。而在日常生活中,大学生也可以通过聆听优美轻松的音乐、创作绘画作品、插花、跳舞等方式来调节自己的情绪,同时这也是陶冶情操、提高审美修养不错的途径。

情绪调适的方式多种多样,每个人可以根据自己的实际情况灵活选用适合自己的方法,重要的是,要坚信不良情绪是可以克服的,情绪是可以调控的。为了自己身心的健康,要适时地、不断地对情绪进行自我调控。

如果大学生通过以上方法进行自我调适后仍有困难,可以前往学校心理咨询中心接受专业的咨询,在心理咨询师的指导和帮助下克服不良情绪。

在情绪问题的干预中,除强调学生个体的调适之外,学校也要从优化环境的角度、营造良好氛围的途径促进学生情绪问题的解决。美丽整洁的校园、热心细致的服务人员、真诚友好的授课教师、充满正能量的新闻报道、美观大方的海报等,以及学校、院系、班级、宿舍开展丰富多彩的活动,都可以为同学们的情绪调适提供条件。

此外,对个体的充分尊重是稳定情绪的重要原则。在一些大学生因情绪失控而造成的恶性事件中,老师和同学的误解,不愿意听取当事人的解释,校方处理方式有失偏颇、学生遭遇不公平对待等,对于心理尚未成熟、易冲动和偏激的大学生而言,常常是引发其不当行为的导火索。因此,尊重每一位学生,用心倾听其解释或者诉求,是高校教育工作者应当具备的素养。

而对于性格而言,由于性格的形成受个体早期经历影响较大,特别是原生家庭状况,以及父母对孩子的教养方式。因此,有效实施家校联动,以及构建大中小一体化心理健康教育与服务体系,是非常有必要的。

八、大学生神经症问题干预的 IM-SAFER 模型应用

在大学生神经症问题的干预上,仍然按照 IM-SAFER 模型应用的总体思路开展工作。因为神经症的干预,需要专业心理咨询与专业心理治疗,所以转介是非常有必要的。同时,在学校的干预中,需要注意以下事项:

(一)以稳定化为主开展工作

神经症的干预,通常需要专业人士的介入。因此,对于普通老师和同学而言,则主要在于发挥稳定化的功能。比如,师生以平常心而不是"戴有色眼镜"去看待罹患神经症的同学,给对方一个相对安静宽松的环境,给对方递一杯温开水润润嗓子等,尽量减小当事人所处的压力情境,避免其处于长期紧张的状态。

(二)打破认知偏差,避免讳疾忌医

不少罹患神经症特别是抑郁症的同学,对疾病存在较为普遍的认知偏差,以及讳疾忌医的情况。比如,不愿定期到医院就诊;担心药物有副作用,不愿意长期服药;觉得每月药费贵,不愿意继续花钱治疗;存在侥幸心理,这段时间自觉症状减轻,就不去看医生、不吃药了,过段时间症状加重,感觉痛苦,然后又着急主动去看医生和做咨询了。神经症的治疗,需要生理、心理治疗的共同配合,因此遵从医嘱,坚持治疗和咨询,才是有效干预的手段。需要对大学生和家长都开展心理教育,切实理解科学治疗的必要性。

(三)有效家校联动,促进学生健康

家庭的影响对孩子的身心健康是非常重要的。我们从对西部地区 12 所高

校的心理咨询中心工作人员的调研中了解到,他们都提到了家庭对大学生心理健康的重要影响。原生家庭状况如何,父母之间关系是否和谐,父母与子女关系如何,父母是否存在忽视子女,或其他不正确对待,以及父母是否了解必要的心理保健知识等情况,都对子女的心理健康有着重要的影响。在高校心理健康教育工作中,学校要及时与家长保持联系,方便其了解子女在校表现、心理状况。特别是面临重大心理危机、入学前有神经症病史的同学,有效干预离不开家庭的有力支持。特别是心理危机妥善处理后,学校要与家长沟通,关心学生的恢复情况,了解学生的状态,有针对性地提供适当帮助,使其尽快回归正常的学习生活。

总的来说,对大学生神经症问题的干预,学校要高度重视,统筹校内校外多方力量,实行校院联动、家校联动、校医联动等三联动,建立"学校、学院、班级、宿舍四级畅通,学生、学校、家庭、医院、民警五方协作"的工作机制,切实保障学生的安全与健康。

第二节　突发公共事件下的大学生 心理危机干预实践研究

根据国务院发布的《国家突发公共事件总体应急预案》,"突发公共事件"是指突然发生,造成或者可能造成重大人员伤亡、财产损失、生态环境破坏和严重社会危害,危及公共安全的紧急事件,主要包括自然灾害、事故灾难、公共卫生事件、社会安全事件 4 类。突发公共事件由于其不可预知性、突发性、紧急性、危害性和不确定性等特点,极易造成公众恐慌[1],引发安全稳定、个体心理创伤等系列问题。高校是人员高度密集、活动高度集中的特殊公共场所,加之大

---

[1] 李焰, 张国臣. 精研互鉴 育心育人:大学生心理健康教育研究[M]. 沈阳:东北大学出版社, 2021.

学生群体生活阅历相对简单、思想活跃、情感丰富,对社会事件敏感,因此,对高校来说,不管是从安全稳定角度,还是从学生心理健康角度,都存在巨大的工作压力。当面临突发公共事件时,面向大学生进行恰当和及时的心理问题干预,既是促进学生心理健康,维护其正常学习生活,促进其成长成才的需要,也是高校维护校园安全稳定,进而关系到社会安全稳定的需要。

国内关于突发公共事件下的心理危机干预兴起于 2003 年的"非典"时期,而心理危机干预研究,则主要兴起于 2008 年的汶川地震。在 2008 年之前,大家对于突发公共事件更多偏向于抢险、提供物资援助、医疗救助等内容。而在汶川地震中,大家看到这一重大突发公共事件除了对人民财产和生命安全造成重大损失和威胁,造成的心理上的创伤也是不可忽视的。此后,众多心理学、医学人士参与到心理危机干预实务中,心理危机干预研究逐渐被纳入人们视野。

全世界遭受新冠疫情长达三年之久。作为突发公共事件,疫情期间,感染人员、隔离人员、防疫人员、大学生等多类群体的心理干预也成为关注重点。来自清华大学、北京航空航天大学、上海理工大学等多所高校的研究者们通过调查问卷、访谈等多种形式了解疫情期间大学生的心理健康状况,并提出针对大学生的心理危机的干预措施。不少心理学工作者通过发布心理调适科普推文、在线心理咨询等方式,帮助大学生顺利度过疫情。课题组研究者也在这三年期间通过在线访谈、问卷调查、深入学生宿舍微信群等多种方式,密切关注疫情期间大学生的心理状况;并通过在线心理咨询、心理科普微信公众号、制作发布心理调适音视频等多种方式,探索应用 IM-SAFER 模型开展有效干预,为构建多元主体协同的大学生心理危机干预体系提供实践依据。

在这里,我们以自己亲身经历的,某高校突发新冠疫情的案例为个案,进行突发公共事件下的大学生心理危机干预实践研究。

一、突发公共事件下运用 IM-SAFER 模型的大学生心理危机干预案例研究

（一）突发公共事件下大学生的心理反应特点

在遭遇新冠疫情这一突发公共事件后,研究者通过在线问卷调查、访谈、邀请同学们撰写心情日记等形式,了解到大学生主要出现以下几种心理反应:

1.否认与茫然

当校园里刚开始宣布处于紧急制动状态时,关于疫情的官方消息还没有公布,各种小道消息和猜测大量涌现。对于同学来说,“猝不及防”是第一感受,大脑一片空白,茫然,不知所措。

2.惊慌与畏惧

几小时后,官方发布疫情信息,确认疫情。“面对突如其来的疫情,我有些惊慌,不知道自己该做什么”“我不知道该做什么,只是一遍又一遍地刷着手机”“随着疫情加重,感觉周围笼罩着危险气息,我开始变得慌乱,脑子里胡思乱想,躺在床上怎么也睡不着”。这个时候,同学们普遍出现恐慌情绪。

3.焦虑与担忧

面对突如其来的公共事件,同学们毫无心理准备,待在宿舍里或者在隔离酒店的房间里,淹没在真假难辨的网络信息流中,变得焦躁和担忧。“外界信息变化大,信息量越来越多,到处充斥着疫情的消息,我开始焦躁”“苦苦回忆自己的行动轨迹,怕自己感染患病”。疫情前期,由于疫情发生突然,学校刚开始的一两天,在一日三餐和矿泉水等物资的供应上处在磨合阶段,在校居寝隔离的同学担心食物、必备生活用品的问题。因密接等原因隔离在外的同学则独自居住在酒店里,既要适应新的生活环境,又要忍受孤单,还要随时迎接核酸检测,担心自己被感染,焦虑和担忧情绪交织。疫情后期,焦虑则主要集中于长时间

不能外出、枯燥的室内生活,同时担忧因为疫情隔离而打乱了即将到来的重要考试、考证等计划,以及担心周围缺乏学习氛围及自身自控力不足影响学业。

4.压抑与无奈

随着"战疫"的推进,当看到昔日站在讲台上讲课的学校教师变身"大白",冒着被感染的风险为每栋楼的学生送餐、协助开展核酸检测等志愿服务的照片和报道,看到社会各界对学校战疫给予大力支持时,大学生的社会责任感和使命感被激发。不少大学生主动请缨担任战疫志愿者为同学们服务。学校为同学们的热情所感动,但限于突发公共事件的特殊情况,以及考虑到对学生安全的保护,没有答应同学们的请求。责任与现实的矛盾,让有些同学对自身不能为他人提供帮助、不能在"战疫"中发挥积极作用而感到压抑、无所适从。

5.烦躁与期盼

期盼突发公共事件能够早日结束,早日妥善解决,将其危害与损失降到最低,这是每个人最基本的正常心理需求。针对此次新冠疫情,同学们渴望疫情早日结束、尽快重返线下课堂[①]。"隔离刚开始的那段时间,每天吃饭、睡觉、上网课、打卡,好无聊,人越来越烦躁。没人同我说话聊天,感觉时间过得好漫长,快失去语言功能了。"一位隔离在酒店的同学这样说。在隔离到有一周的时候,一位同学反复在微信上私聊驻扎该宿舍楼的社区辅导员,询问学校什么时候能解封。这些都代表了部分大学生在隔离期间的烦躁与期盼。

6.坦然与淡定

突发公共事件发生后,政府、学校、社会各界强有力的紧急救援是颗定心丸。当同学们通过新闻媒体等了解到本校及时有效的救援行动与举措时,恐慌、焦虑、压抑的情绪开始降低,心理安全感明显提升。正如网络访谈中部分大

---

① 赵旭艳,徐桂娟,孙泽洋.突发公共事件时大学生心理波动趋向与引导策略[J].鄂州大学学报,2022,29(3):85-87.

学生谈道:"当学校官方微信发布学校全员核酸阴性,学校防疫取得阶段性胜利的消息时,心里悬着的石头终于落下了;当经过老师开导,发现好好待在寝室就是为'战疫'做贡献时,无法分忧的压力释怀了很多,开始以平静的心态去面对现实的生活。""渐渐地从心里接受这些事,去配合一切工作安排,去响应一切号召,心情逐渐从失落抑郁变得平静,再变得热切,从期盼能走出去看看、玩玩,变成期盼疫情早点过去,和朋友、家人见面。""刚开始觉得很烦躁,无所适从,后来想到了打发时间的办法,使自己充实起来。我跟着直播减肥,一起运动,充实自己。上完网课之后,边听音乐边画画,充实自己。让自己静下心来,不再那么焦虑烦躁。从刚开始几天的新鲜感,到后面的焦虑烦躁,到最后找到方法后的适应感,充实自己。慢慢地,隔离便结束了。"这些都是大学生们的真实心情写照。

7.感动与感恩

大学生是富有朝气和生命力的热血青年,充满着青春热情和爱国激情。防疫期间,同学们通过新闻报道了解到学校的老师、后勤工作人员、默默守护着的医务人员等逆行者们的积极行动,被无数逆行者的无私奉献所感动。突发公共事件之后,党和政府把人民安危放在第一位的责任意识,全校上下众志成城的凝聚力,一方有难,八方支持,社会各界对学校防疫工作的大力支持,都极大地鼓舞着、感染着大学生。同学们为自己的国家、自己的学校感到骄傲。在感叹祖国强大的同时,内心也在不断激励自己,努力成为像这次疫情中做出重大贡献的人们一样优秀,为国家、为社会做贡献……

8.反思与成长

大学生思维活跃,善于从生活和实践中总结与反思,感悟人生。突发公共事件由于危害性大、事关生命安全,极易触动大学生敏感的神经,激发大学生对现实及自我的深入思考。在抗疫中,同学们接受了一次科学教育、思想洗礼和观念更新。经历这次疫情,大学生对生命、责任、亲情等都有了更加深刻的理解与领悟。部分大学生谈到灾难来临时,每一个人都应竭尽全力,对替我们负重前行的人要永远心存感恩。有的同学说："通过这件事,我懂得了,人不能总是去想难过的事情,而应该看到更多积极正能量的事,去寻找适合自己的发泄方式。"有的同学说："疫情期间,更让我明白了遇见的意义。我们应该珍惜每一天以及身边每一位相伴的家人、知己、同学、朋友。"经历疫情后,部分大学生的心理弹性明显提升,他们能够清晰地认识到,现在需要做的就是接受已经发生的,控制好自己能控制的,珍惜自己所拥有的。同时,也意识到健康的重要性。

总体而言,大学生在经历突发事件后,虽然有过茫然、有过抱怨、有过焦虑、有过无奈,但随着学校战疫工作有条不紊地开展,慢慢趋向好转,大多数同学能够在抗疫结束后意识到自己的责任,更加珍惜自己的幸福生活,期待能够通过努力实现人生价值,为国家、为社会做贡献。从对"危机"内涵的解读而言,这次疫情一方面打乱了大家的正常学习和生活,给大学生带来了危机和威胁,而另一方面,大部分大学生从中收获了感动、成长,世界观、人生观、价值观进一步理性和成熟。当然,也有少部分本身罹患抑郁症等心理疾病的大学生,在这个突如其来的疫情下遭受了更严峻的挑战,特别需要学校给予高度的关注,并联动医院等开展好针对这部分同学的干预工作。

(二)突发公共事件下的大学生心理危机干预措施

面对突发公共事件引发的大学生心理反应,高度重视并积极采取科学有效的措施给予应对,是高校治理能力的有效体现。学校在发生疫情后,第一时间采取措施,全方位积极抗疫,校园在 20 天后全面解封,全校大学生逐步恢复正常学习和生活,未发生一起严重心理危机事件。在大学生心理危机干预方面,仍然是基于 IM-SAFER 干预模型进行干预,主要采取了以下措施。

1.满足需求,第一时间促进稳定化

根据马斯洛的需要层次理论(见图 5.5),人的需要(或需求)包括不同的层次,而且是由低层次向高层次发展的。个体的需求由低到高可以分为生理需求、安全需求、爱和归属需求、尊重需求,以及自我实现需求。层次越低的,需要

强度越大。通常情况下,人们会优先满足较低层次的需要,再依次满足较高层次的需要。抗疫期间,同学们的反应也证实了这一点。疫情前期,我们不管是在网络问卷调查,QQ 或微信等社群中的交流,还是在线心理咨询中,都会发现,在寝室隔离的同学们反映最强烈的、最需要的是食品、矿泉水,以及牙膏、纸巾等生活用品。被转运到校外酒店隔离(被界定为密接人员)的同学们反映最多的也是生活适应问题,以及担心自己确诊感染了新型冠状病毒而惶惶不安。在该阶段,同学们的需求主要聚焦在生理需求、安全需求等较低层次的需求上。而疫情后期,随着援助的进一步深入,生活问题得到较好的解决,同学们也基本适应这样的生活节奏,逐渐将注意力集中到怎样安排时间,让生活过得更充实,转向到对爱和归属、尊重等较高层次的需求的满足上。因此,在遭遇突发事件后,应当第一时间满足服务对象的生理需求、安全需求等较低层次需求,把物资供应、安全措施等做到位。把这些工作做好了,学生心态基本稳定,再逐渐开展心理疏导、小组活动等工作,满足大学生更高层次的需求。这也是稳定化的要义。

图 5.5　马斯洛的需要层次理论

2.主动发声,官方媒体及时回应关切

对突发公共事件产生的焦虑恐惧心理,往往是由于对事件的不确定和一知半解引发的。在多元媒体交织的时代,突发公共事件发生后,纷至沓来、真假难辨的信息极易引起家长、师生的情绪波动。从社会心理学的角度而言,信息公

开化、透明化,是缓解恐慌情绪的最有效办法。在重大突发公共事件中,官方社交网络媒体不但能传播权威新闻和重大信息,而且对公众的认知具有重要的引导作用,是稳定社会舆论和社会心态的关键要素。

疫情期间,学校官方媒体采取公开、负责的态度,积极主动发声,及时向学生传达客观、准确的信息,回应师生、家长关切的问题,化解他们心中的疑虑和恐慌情绪。通过校园官网、官方微信、微博、抖音、视频号等官方媒体,及时转发官方权威信息。紧扣重要节点、重点群体,有效利用校内外媒体,营造学校坚决打赢疫情防控阻击战的正能量氛围。疫情官宣后,学校通过校园官网、官方微信和微博及时发布《致×××学院全体同学的一封信》;在第一轮核酸检测后,及时向社会和校内师生公布疫情信息,学校制作抗疫短视频,分别以《雾霾终会散去,阳光终会迎来》《勇者无畏 青春无悔 守望相助 共克时艰》为题在微博、抖音、视频号平台发布;学校疫情防控等级降低后,第一时间在校园官网以及各社交媒体平台发布《春日犹未晚,我们已相逢——再致×××全体同学的一封信》《谢谢,最美的你们——致全体教职员工的一封信》。引导师生、家长主动、全面了解突发公共事件的有关内容,不信谣不传谣,汇聚起众志成城、守望相助、共克时艰的抗疫磅礴伟力。

3.多维互助,提供丰富社会支持

疫情期间,同学们要么在校园里居寝隔离,要么在隔离酒店里独自居住,特别是在外隔离的学生,容易感到孤单与无助。为更好地发挥党组织在抗疫工作中的战斗堡垒作用,在学校党委领导下,在校内每栋宿舍楼、校外每个集中隔离点都成立了临时党支部,并建立了相应的QQ群或微信群,方便师生交流,及时为同学们排忧解难。学校在校外各集中隔离点成立战疫临时党支部暨抗疫小分队,下设9个网格工作小组。各网格工作小组长由6名支委和3名医护、心理、思政导师担任,并用微信建立网络工作群,负责联系师生的疫情防控、思想疏导和日常生活,指导学生在线学习,同时开展专项工作咨询服务和特色网上学习等活动。比如建立网上"党校",为入党积极分子开讲特别党课,组织小组成员开展微信读书;开通网上"形势与政策"课堂,鼓励小组成员用视频记录心灵感悟;把学校社会体育专业教师的抖音直播课堂转发到小组,鼓励小组学生每天保持适当的体育锻炼,缓解紧张情绪;为师生在线教学和学习解惑答疑,提供技术咨询;医护导师充分运用医学特长,为小组和全分队成员提供相关医护咨询指导服务;思政导师为学生开讲《非常时期,非常成长——同心战疫思政课》;心理导师协同兄弟院校心理咨询专家开展《守望相助,同舟共济——隔离期间的自我心理关爱》专题讲座,同时积极回复学生有关心理咨询,等等。一位同学说:"老师们都在尽最大努力给我们提供最好的思想引领和精神保障,他们就像漫威电影里面的超级英雄,帮我们挡掉了所有的困难和危险。"一位同学说:"作为一名入党积极分子,在医护人员和老师们的热情感染下,我积极主动帮助老师统计有关疫情数据数千条,还鼓励同学们保持良好心态、积极向上、加强锻炼,让同学们枯燥的隔离生活有了新的意义。"学校切实落实"三全育人",并有效利用互联网手段,增加了师生互动,及时解决同学们在生活上、学习上、心理上等各方面的困难,减少了隔离学生的孤独感,增强了战疫到底的信心。

同时,学校在战疫中得到了众多爱心单位和人士的援助。学校在官方网站上发布了《致广大爱心单位和人士的感谢信》,信里写道:"同胞相传,血脉相连。广大爱心单位、社会各界人士、优秀校友弘扬伟大抗疫精神,解学校所忧所困,载师生所期所盼,从医用口罩到消杀物资,从洗漱用品到泡面饮料,从抗疫所需到生活必备……凡此种种,你们皆悉心考虑,汇聚成了不可战胜的磅礴抗疫伟力。你们,同样是时代的最美'逆行者'!"社会各界的多元支持,都是学校师生进行危机干预的重要助力。

4.鼓励表达,促进有效的应对

在抗疫中,学校主动与新华社、央视新闻、光明日报、新华网、中国教育在线等主流媒体联系,宣传报道抗疫一线人物典型事迹 21 个。根据各社会化媒体的不同传播特性,分别在官方微信、微博、抖音、视频号上制作差异化内容,共推送 196 条抗疫故事的图文、视频集锦,累计阅读量、观看量达 487 万,互动次数达近 2 万人次。官方视频号推送的《"大白"们的一天》,官方微博推文《博士团队奋战抗疫一线》《你永远可以好好放心隔离,因为有他们在你身边》等作品获得师生们的广泛点赞转发。一批批暖心教师志愿者化身"最美逆行者",一张张"大白"的暖心照片感动每一个人。学校将传统媒体和新媒体有效融合,发布多样化、个性化的融媒体作品,巩固壮大了主流思想舆论,立体、真实、全面地传播了学校的抗疫正能量故事,并有效地驱散了学生心中的恐慌、焦虑情绪。

突发公共事件牵动着每一位有担当、负责任的大学生的心。他们敢于表达,勇于行动,但有时因为情况特殊,力有不足。为保证学生在疫情期间的身心健康,鼓励同学们有效的应对,学校通过官方微信、视频号、抖音等媒体持续推送战疫故事,以及健康操、八段锦、瑜伽等室内体育课等内容,引导学生学习、生活积极向上,保持阳光心态。同时还在抖音开展"青春战疫 向阳而声"云歌会直播活动,吸引 2.7 万人次观看。各宿舍楼也分别组织开展了富有特色的线上活动,鼓励同学用文字记录战疫期间自己的心理故事;与室友一起好好地装扮自己的宿舍,并拍摄前后对比照片;和室友一起拍摄制作寝室 vlog;等等。在这样的氛围中,有的大学生写下温馨的话语,贴在宿舍门口,表达对教师志愿者的感恩和祝福;有人用画笔绘画作品,传递正能量,让作品成为最有力量的抗疫宣言……他们用实际行动诠释了青年大学生的责任与担当。

5.整合资源,有效开展心理干预

在抗疫期间,学校迅速制订了《疫情封控期间学生心理疏导工作方案》,着力抓好"四个'一'",扎实推进封控期间师生心理健康教育,全力做好学生心理援助与危机干预,切实维护校园封控期间学生心理健康与安全稳定。

搭建咨询平台。积极联系校内校外资源,开通 6 条线上心理咨询热线,建立起全方位、立体化、多渠道的线上防疫心理咨询平台。全校专兼职心理咨询师轮值上岗,为学校师生答疑解惑,提供"一对一"线上咨询服务;全体专职辅导员、社区辅导员和党员志愿者密切关注学生衣食住行学,及时了解掌握学生心理动态,有针对性地进行疏导和管理。各渠道通过 QQ 视频、语音、文字留言等多种方式接待 400 余名学生的访问和咨询,绝大部分学生负面情绪得到有效改善。

开展宣教普及活动。推送疫情防控知识,积极宣传应对突发公共事件、合理处理负性情绪的有效办法与途径,提高师生、家长对突发公共事件的心理应对能力。如通过微信公众号、班级 QQ 群等推送《封控期间心理防疫指南》《负性情绪宣泄的六个一》《缓解集中隔离焦虑的五个小建议》《疫情隔离期间感到无聊怎么办》等系列心理调适科普文章,制作心理减压微视频等。各二级学院、各学生社区也结合实际,全覆盖开展线上主题班会,积极组织学生参加"青春齐聚力、同心共战'疫'"微视频比赛、征文大赛、手抄报比赛、心理电影动画周等系列云端活动,共同营造积极健康向上的校园氛围。同时,针对校外隔离同学发起"14 天情绪日记书写训练营",努力增加同学们的积极情绪体验和幸福感。

组织一批辅导讲座。学生处先后联合教务处、本校相关二级院系、其他高校心理学部等校内外优质资源,利用腾讯会议、超星学习通等在线教育平台开展了 7 场"疫情及隔离期的心态调节"系列线上讲座,为同学们有效调节情绪和心态提供了方法,吸引了 1 000 余名学生汇聚云端,一同聆听学习。

关注一个重点群体。充分发挥"校、院、班、寝"四级预警防控体系的作用,全面开展危机排查、干预工作。各二级学院及时开展心理排查,对重点关注学生进行逐个排查;辅导员老师全面加强学生日常心理动态摸排;朋辈心理委员等学生骨干主动深入班级群了解同学心理变化;大学生健康成长与发展服务中心对 400 余名重点关注学生进行了"一对一"回访,主动加强与隔离点负责人、驻点医生的联系沟通,协调共同做好学生异常情绪追踪,提供个体心理辅导。大学生健康成长与发展服务中心还积极与当地精神卫生中心、医院联系,为学生建立了线上咨询问诊、应急购药服务通道。

在抗疫期间,学校全力做好学生心理援助与危机干预,切实维护校园封控期间学生心理健康与安全稳定。通过全校师生的共同努力,在二十天之内打赢了攻坚战,师生逐步恢复正常教学,增强了自信心,获得了成长成熟。

总的说来,突发公共事件下的危机干预,不仅仅是个体心理层面的干预,还涉及学校、政府等方方面面的工作,需要构建多元主体协同的一体化的心理危机干预体系。

三、突发公共事件下大学生心理危机干预体系的构建

(一)构建一体化心理育人协同育人矩阵

当遭遇突发公共事件后,个体面临危机的情况下,最开始的就是要让其稳定化。在这个稳定化的过程中,要尊重个体需求满足的一般规律。一般而言,在遭遇突发公共事件后,个体最迫切需要满足的是生理和安全需求,因此首先要做好后勤保障和人员救援等工作。而后续的归属与爱的需求、尊重需求、自我实现需求的满足,也并不能光靠心理咨询部门就能解决。因此,需要学校统筹,整合学生工作、后勤服务、教务处、二级院系等多个部门,从学校层面构建一体化心理育人协同育人矩阵,各尽其职,合力开展好突发公共事件下的大学生心理危机干预。

(二)建立完善的心理援助体系

高校应不断完善应对突发公共事件的心理援助体系。心理援助体系是一套系统工程,功夫在日常,效果在"战场"。心理援助体系包括针对突发公共事件引发的心理危机的预警系统、干预系统和补救系统。

预警系统主要体现在未发生突发公共事件的日常教育教学工作中。主要通过大学生心理健康教育课教学、心理讲座、心理班会等主题活动,以及通过微

信、微博、抖音发布心理调适相关推文、音视频等,有针对性地开展心理危机应对教育,普及处理心理危机的基本知识,提高大学生心理承受能力,塑造积极心理品质。同时,依托学校心理咨询中心教师、社区辅导员、班级辅导员、学生心理委员、学校社会工作者等队伍,通过"学校、院系、班级、宿舍"渠道,充分运用大数据,建立快速有效的信息反馈网络,以便在突发公共事件发生后能迅速准确把握学生信息,并及时上报。

干预系统是在突发公共事件中做好大学生的心理危机识别、评估工作,通过心理咨询、团体辅导、转介到精神专科医院等方式,及时对危机学生给予心理疏导和人文关怀。

补救系统是针对突发公共事件对大学生心理发展造成的影响进行科学评估,利用学校现有资源建立后续心理危机恢复计划,将及时心理危机干预与日常心理咨询进行有效衔接。

（三）官方媒体主动发挥舆论引导作用

遭受突发公共事件后,个体往往会因未知的原因和事情发展走向而感到焦虑。特别是互联网时代,各种真假难辨的信息纷至沓来,更容易让人感到恐慌。因此,官方媒体就需要及时发布重要的权威信息,正确引导大众舆论,积极发挥"定海神针"的作用。对于高校而言,当突发公共事件发生后,学校官方媒体要采取公开、负责的态度,积极主动发声,及时传达客观、准确的信息,及时回应师生、家长关心的问题,化解其心中的疑虑和恐慌情绪。引导师生、家长主动、全面了解突发公共事件的真实情况。同时,也要及时通过校园官方媒体积极宣传应对突发公共事件、合理处理负性情绪的有效办法与途径,提高师生、家长应对突发公共事件的能力。

（四）积极构建学生的行为表达与情感抒发平台

遭遇突发公共事件后,大学生原有的生活平衡被打破,不管是在生活习惯上,还是学习上,都不得不做出相应的调整和适应。其中特别值得一提的是,大学生的情绪需要有一个良好的宣泄平台。此外,突发公共事件牵动着每一位有担当、有责任的大学生的心。他们关注突发公共事件的走向,可能为自己无法参与相关救援工作而感到焦虑或压抑。因此,学校需要根据实际条件,积极构建学生的行为表达平台。比如在疫情隔离期间,鼓励学生记录自己的心理故事,通过抖音参与"云歌会",鼓励学生创作绘画作品,制作线上短视频向参与志愿服务的老师们表达感谢等。这些可以让学生有一个合理的渠道来表达自己的心情,发挥自己的作用,获得自我效能感。

(五)积极推动校外多项专业合作

对于大多数高校而言,心理健康教育资源是比较有限的。而当突发公共事件发生后,一时之间需要大量的心理干预服务,因此各高校需要积极拓展资源,推动校外多项专业合作,切实做好突发公共事件下的大学生心理危机干预。具体方法如下。

一是加强校际心理健康教育资源共享。一直以来,我国不同地区、不同类型、不同层级高校的心理健康教育资源存在着配备及发展不均衡的情况。在前面的案例中,我们看到学校在心理干预时得到了其他高校的支持,这提示我们校级心理健康教育资源有共享的可能。各地区教育主管部门可充分发挥在学科建设、师资力量上具有优势的高校在心理健康教育工作方面的积极引领作用,通过专业培训、工作联盟、课题联合、名师工作室等方式,发挥优势资源高校的辐射带动作用,促进校际心理健康教育资源共享。

二是推动高校与社会专业机构合作。当前,大学生心理危机成因日益复杂,需要进一步加强高校与社会专业机构合作。目前已有不少高校实施医校联动,每周安排一天精神科医生到校坐诊。但从高校心理危机干预工作实际来看,在与社会专业机构,特别是与精神专科医院的互动合作中,尚存在转介渠道不畅的问题。一方面,高校学生心理危机事件的突发性、不可控制性以及相关信息的保密性,致使校外专业人员的参与受到一定限制。另一方面,高校与精神专科医院合作手段和方式的法律效力、责任义务等问题在目前还尚缺乏明晰的界定与规范。从学校心理危机干预的长远发展来看,有必要深入探索并突破上述问题,加强医校衔接,畅通学生转介诊治绿色通道,构建并利用好社会心理支持网络。

（六）探索家校协同心理育人模式

家校沟通不畅是影响心理危机干预效果,甚至引发家校矛盾或纠纷的重要原因。在前面的案例中,我们看到,疫情的发生不仅影响着学校师生,也牵动着远方家长的心。不少大学生反映,在隔离期间,正是学校老师和同学的关怀,以及家人的电话问候,才让独自居住在陌生环境的自己感觉到没那么孤单,也正是由于远方家人的鼓励,让自己坚定信心,慢慢地度过了那段难熬的时光。疫情发生后,学校通过官方媒体实时发布学校疫情动态,让学生和家长及时掌握疫情动态、防控举措,并通过微信、微博等平台展示大学生的学习生活情况,让家长看到了学校在突发事件下的责任与担当,了解到孩子的近况,让家长感到放心,从而获得了理解与支持。因此,突发公共事件下的危机干预,离不开家校协同育人。此外,根据学生心理发展的特点,家庭是造成大学生心理问题的根源之一。弥漫冲突的家庭环境、强势控制的父母角色、缺乏温情的关系模式,会在一定程度上影响到学生童年以及青少年阶段的心理发展。因此,有必要探索加强高校家校合作心理育人模式,提升家庭对学生心理健康发展成才的贡献度。特别是对缺乏家庭支持资源的学生,一方面要引导学生正确认识家庭、理解家庭,学会规避原生家庭的不良因素,轻装上阵,积极面对未来的生活;另一方面,要帮助家长学会采取更合理的方式与成为大学生的孩子进行沟通,优化亲子关系,改善教养模式。存在心理危机转介就医的学生,更需要家庭按照学校和精神专科医院的建议,做好日常陪护、定期复诊、遵医嘱服药等工作,共同发挥家校合力,帮助学生走出危机。

　　总体而言,开展突发公共事件下的大学生心理危机干预,仍然需要紧扣大学生心理发展特点,全面落实立德树人根本任务,将自助(I)、互助(M)、他助(SAFER)有机结合,实施全员育人、全过程育人、全方位育人,综合"线上+线下"多种手段,为大学生顺利度过危机、成长成才保驾护航。与日常心理问题介入相比,危机干预仅仅依靠高校是不够的,还需要全社会都参与,除了运用心理学的方法与技术之外,还涉及行政、管理、宣传等多个层面。

第六章

研究结论与政策建议

第一节 研究结论

一、研究概况

本书以跨学科知识为基础,基于理论研究、实证研究、行动研究范式,梳理了新时代社会治理语境下高校心理健康服务体系内涵,了解高校心理健康服务体系建设需求、现状、问题,探索形成了覆盖自助—互助—他助的大学生心理问题的 IM-SAFER 干预模型,进而构建了多元主体协同参与的高校心理健康服务体系,并在试点院校开展行动研究,总结高校心理健康服务体系的实践路径,为其他高校心理健康服务体系建设实践提供智慧支持和决策依据。

二、研究结论

(一)大学生心理问题干预需多元主体协同

随着时代的变迁,社会的发展,当代大学生面临的心理问题呈现出新的特点。大学生心理问题的产生不只是大学生个人的问题,还会受社会、家庭、学校等其他因素的影响,单纯依靠心理咨询师很难应对,需要调动学校内外其他相关主体的有机合作,如校外的专业医疗机构、专业心理咨询机构、家长、社区以及校内的社工、辅导员、专任教师、学生志愿者等,促进大学生健康、全面发展,构建和谐校园。

(二)大学生心理问题干预的 IM-SAFER 模型能有效运用于高校心理健康服务

本书通过理论和实践研究,构建了大学生心理问题干预的 IM-SAFER 模型。其应用总体思路是:紧扣大学生心理发展特点,全面落实立德树人根本任务,将自助(I,即 Independent)、互助(M,即 Mutual)、他助(SAFER)有机结合,实施全员育人、全过程育人、全方位育人,综合运用"线上+线下"多种手段,开展大学生心理问题干预,促进大学生心理健康,为大学生成长成才保驾护航。通过在高校的实践研究表明,该模型对大学生心理问题的干预,以及在突发公共事件的应对上,能够充分调动多方资源,有序开展心理干预,并激发大学生内生动力,助力大学生解决面临的问题与危机,促进大学生心理健康,具有良好的应用和推广价值。

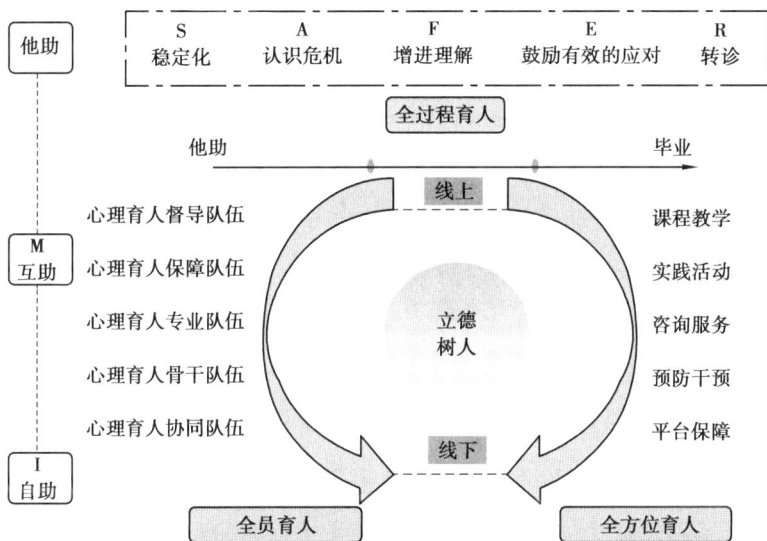

图 6.1 大学生心理问题干预的 IM-SAFER 模型应用的总体思路

(三)大学生心理健康服务需要构建全方位立体化的工作体系

大学生心理健康服务要坚持系统治理的基本原则,构建全方位立体化的工作体系。宏观层面上,全社会要积极营造良好的心理健康氛围,培育大众积极、健康、平和的心态,政府要积极构建完善社会心理支持网络,进一步健全多部门联动和学校、家庭、社会协同育人机制;中观层面上,高校要实现党建引领,把握学生需求,统筹规划,各子系统加强沟通与合作,构建一体化心理育人联动矩阵,提供丰富的心理健康服务资源,营造良好的校园心理健康氛围,培养学生积极向上的健康心态;微观层面要对学生心理健康问题开展预防和疏导,对心理危机事件及时干预,坚持育心与育德相结合、教育与咨询相结合、发展与预防相结合,着力培育学生自尊自信、理性平和的社会心态、促进学生心理健康素养的提升,更好地适应社会发展。

在时间维度上,大学生心理健康服务要注重开展科普宣教,监测和预警、干预与疏导、心态培育的全流程管理;在空间维度上,要注重宏观—中观—微观各个层面的社会心理服务模式,才能有助于大学生心理问题的解决,提升心理素养,培养积极心理品质。

三、研究的创新之处

(一)理论创新

本书将视角从个体转向群体,从单学科到多学科整合,探讨共建共治共享的社会治理格局下,高校心理健康服务体系的时代意涵,拓展传统心理健康服务研究范畴。根据高校心理健康服务体系的含义,将高校心理健康服务体系分解为若干要素,对各个要素、要素间关系,要素和系统间关系进行现状调查,并开展分析,为理论研究的开展提供了丰富资料,为对策研究奠定了良好基础。

(二)实践创新

一是探索符合中国国情的高校心理健康服务体系,构建符合学生需求的心理健康服务内容,创新心理健康工作方法,促进大学生心理素养的提升,降低大学生心理问题的发生率。

二是对当前高校心理健康工作开展调查研究,了解高校心理健康工作中存在的不足,提出高校心理健康服务体系的构建以及实践策略,为高校心理健康工作的开展提供一定的参考。

三是立足本土实际开展模型的实证研究,实践成效较好,研究中的方法与举措对其他高校开展社会心理健康服务体系实践具有推广价值,有利于完善社会心理服务体系的建设,为健康中国战略助力。

四、存在的不足与未来研究方向

本书构建了多元主体协同参与的高校心理健康服务体系,同时融合本土文化和国外前沿危机干预理论,构建了大学生心理问题干预的 IM-SAFER 模型,并对该模型应用于大学生心理问题的干预特别是危机事件下的心理干预进行了实践研究。由于条件所限,实证研究主要集中在西部地区。在未来研究中,还可以进一步扩大研究地域,以获得更具推广性的研究成果。此外,在后续的研究中,还可以对体系建设中各要素的优化和完善进行更为细致的研究,进而为高校心理健康服务体系建设提供更多更有针对性的建议。

第二节 政策建议

近年来,心理健康问题越来越受到各界关注,成为社会共同面临的重要课题。尤其是随着心理健康问题"低龄化"发展,加强青少年心理健康工作逐渐成为全社会的共识。自党的十八大以来,以习近平同志为核心的党中央高度重视和关心广大学生的心理健康和成长发展,在党的二十大报告中提出要"重视心理健康和精神卫生",中央教育工作领导小组会议专题研究部署了学生心理健康工作,出台了心理健康相关政策文件,以促进学生健康成长。在相关政策指导之下,各高校积极探索,大力推进学生心理健康工作,不断丰富心理健康工作形式,创新心理健康工作方法,取得了一定的效果。但随着经济社会的快速发展,学生成长环境不断变化,学生的心理健康问题十分严峻,当前的心理健康工作还不能完全满足学生的心理健康需要,这对高校心理健康工作提出了新要求、新挑战。构建与完善全面的高校心理健康服务体系,不仅是基于现实国情需要,也顺应了心理辅导的国际化趋势。政府、社会、高校应做好统筹规划,提升心理健康工作实效,切实满足大学生心理健康需求,为大学生成长成才保驾护航。

《高等学校学生心理健康教育指导纲要》指出,要做好推进知识教育、开展宣传活动、强化咨询服务、加强预防干预这四项主要任务。在推进知识教育方面,明确提出心理健康教育课程要纳入学校整体教学计划,实现大学生心理健康教育全覆盖;在开展宣传活动方面,提出要不断增强心理健康教育吸引力和感染力,主动占领网络心理健康教育新阵地,强化家校育人合力;在强化咨询服务方面,提出要设立心理发展辅导室、积极心理体验中心等,注重分类引导,因材施教;在加强预防干预方面,强调要准确把握学生心理健康状况及变化规律,不断提高心理健康素质测评覆盖面和科学性,畅通心理危机转介绿色通道等①。在纲要的指导思想之下,高校要根据自身实际,构建立体化心理健康工作服务体系,做到全过程心理育人,根据纲要的要求,形成"四位一体"的工作格局。通过构建心理健康教育教学体系,开设心理健康必修课,并且在专业课课堂中融入心理健康意识,做到心理健康工作的全覆盖;通过构建心理健康实践活动体系,增强学生心理健康素养,进一步丰富心理健康工作途径;通过构建咨询服务体系,对有需要的学生开展心理咨询,进一步增强心理健康工作的针对性;通过构建预防干预体系,进一步提升心理健康工作实效性。

一、做好心理健康工作顶层设计,提供有力保障

高校心理健康服务工作的开展必须依靠强有力的制度保障,以推动各项心理健康工作的贯彻落实。政府相关职能部门应根据社会发展情况和高校心理健康工作状况及时制定相应的政策,坚持系统治理的基本原则,进一步完善多部门联动和学校、家庭、社会协同育人机制,积极构建并不断健全社会心理服务网络,从上到下推动高校心理健康工作。

(一)加强对高校心理健康工作的监督和指导

政府应出台高校心理健康工作相关的规范和标准,指导各高校开展心理健

---

① 教育部思想政治工作司负责人就《高等学校学生心理健康教育指导纲要》答问解读,中国政府网

康服务工作,成立专门的工作领导小组,加大人员、财政、物资等资源的投入力度,从机构设置、人员编制、场地配备、工作方式方法等方面提供监督和指导。

(二)树立"大心理健康服务观"

心理健康工作不只是学校的工作,而是涉及全社会的事情。"大心理健康观"的实质是从整体性和发展性的视角出发,充分考虑高校及学生发展特点,建立富有中国特色的高校心理健康观。"大心理健康观"强调心理健康不是只专注于有心理问题的人群,而是要在整体上提高大学生的心理健康素养。政府应科学定位高校心理健康工作,通过多种途径的宣传活动,推动全社会提高认识,在家庭生活、学校、工作单位、社区等环境中,营造和维护促进心理健康和精神卫生的良好氛围。

(三)推动资源整合助力心理健康服务

政府要积极创造平台,整合资源,加强家庭—学校—社会(社区、医院)的联动,推动大中小学心理健康教育一体化建设。畅通转诊渠道,链接专业心理咨询从业人员为高校提供公益心理咨询服务,协助高校及时对学生心理问题进行干预,解决学生心理问题。建立心理健康服务专家库,链接相关专家对高校专兼职心理工作人员开展培训、督导等工作,提升高校心理健康工作队伍能力水平。建立高校与社会心理健康服务队伍的有效对接,在学校处理心理危机干预能力不足的情况下,启动社会心理干预服务机制,对高校提供专业支持,有效预防与干预心理危机,适当引入专业社会组织服务。面对校内资源有限,且心理健康教育兼职教师可能与学生之间存在多重角色关系的情况,高校可与校外社会组织深入合作,比如聘请社会工作者入驻校园"一站式"学生社区开展学校社会工作,链接专业心理咨询师提供公益心理咨询服务等,为学生提供专业服务。

二、加强心理健康工作组织领导，推动有序开展

（一）要对高校心理健康工作科学定位

高校应对心理健康工作进行统筹规划与领导,将心理健康工作与学校重点领域工作相融合,在开展心理健康服务时,要考虑整体性、发展性,以及全面性,以落实立德树人根本任务。应成立心理健康工作领导小组,制订学校心理健康服务体系建设规划,加强心理健康工作制度建设,完善相关政策。加强心理健康工作经费投入,切实保障心理健康工作的顺利开展。加强心理健康服务中心建设,加强心理健康设施设备的投入,明确工作任务以及考核评价。提高学校各部门对心理健康服务工作重要性的认识。各相关部门及各学院应选派代表组建心理健康服务专项小组,负责协同心理健康服务工作的开展,确保学校心理健康各项工作的落实和推进。

（二）要把握高校心理健康服务的整体性

建立高效的协同合作机制是保证高校心理健康工作顺利开展的关键。心理健康工作领导小组应明确各部门在心理育人方面的职责,确保各方之间的协同合作。各部门需要保持信息的共享和紧密的互动,以满足学校师生的多元需求,推动全员育人工作的有序展开。要坚持将心理健康工作融入高校各项重点工作,提升全体师生及家长的心理健康意识,全面强化心理健康教育向心理健康服务的转变,从问题导向向积极心理品质的促进转变,要充分考虑学校的实际情况,积极探索新的心理健康工作路径和方式。要促进心理健康工作与高校其他重点工作的融合,在学校育人全过程中融入心理健康意识,形成全员教育的强大合力。除此之外,要加强校内外的合作,与相关医疗机构加强联系,与家长加强沟通,形成家校合作合力,防止出现"家庭环境抵消学校教育"的情况。

（三）要把握高校心理健康服务的发展性

要把握高校心理健康服务的发展性,转变仅关注事后干预的心理健康工作

方式,从发展性的角度重新审视心理健康工作,将消极应对的观念转变为积极发展的观念。一是应改变对心理行为问题的污名化状况。随着社会的变迁,大学生的处境也会发生变化,要转变心理健康观念,强调学生自身心理和成长需要,运用发展的眼光,提供适合学生发展需要的心理健康服务。二是应对方式也需要考虑发展性,既要考虑国际心理健康工作的最新研究理念与趋势,又要考虑新技术的发展给人们带来的普遍影响以及对高校心理健康工作的促进。

(四)要把握高校心理健康服务的全面性

一方面要注重从大学生心理健康科普宣教、心理问题预防、心理问题识别、心理问题干预等全流程出发,开展心理健康工作。另一方面应汇集家庭、学校、社会等各方力量协同健全学生的人格。不能仅关注学生,还应该关注教师和家长,不能仅限于心理咨询、危机干预、团体辅导等,还应该从源头上涵养积极的心理品质;不仅要重视心理疏导和调节的方法,还应该从"治未病"的角度,强化心理健康知识的传播与普及;加强家庭—学校—社会(社区、医院)的联动联通,推动大中小学心理健康教育一体化建设,促进心理健康教育与德智体美劳"五育"的融合。

三、建立多元主体协同干预模式,形成工作合力

高校心理健康服务工作是一项系统工程,不仅要充分调动校内各方主体,还应该与校外相关部门联动,统筹校内外心理健康服务资源,凝聚心理健康服务工作力量,开启全员心理育人局面。做到心理健康服务工作覆盖全部对象,贯穿全部过程。

(一)多元主体协同,组建心理工作队伍

一是心理健康工作专职人员。该队伍要参与学校心理健康工作的整体推进,从面上开展面向全体学生的心理健康知识科普宣教工作,从点上为有心理

行为问题的学生提供专业干预。同时还要负责对接二级院系,指导二级院系心理健康工作的开展,要负责对二级院系心理健康工作人员、学生工作者、兼职心理健康工作人员等进行业务知识培训和督导。

二是一线学生工作领域心理健康兼职人员。他们主要由辅导员、班主任、社区辅导员、专任教师等组成。该队伍要不断学习心理健康基本知识,提升心理健康工作能力,能够在与学生日常接触、与学生谈心谈话、日常学生工作事务中准确把握学生心理动向、对学生的心理问题进行早期识别、疏导,将需要专业干预的学生进行转介。

三是大学生心理健康工作志愿者、心理委员等。选拔并培育一支班级心理委员队伍,同时吸纳一批具备心理学基础知识,又愿意参与到大学生心理健康互助服务的志愿者队伍,组建心理健康相关学生社团,搭建朋辈互助心理平台,推动大学生心理互助工作的开展。

四是医疗机构专业人员。高校应与专业医疗机构开展对口合作,对患有精神疾病的学生开展识别和专业治疗,对高校心理健康复杂个案进行指导,同时对高校心理健康工作人员开展业务指导等,为高校提供专业的心理健康工作支持。

五是校际心理健康资源共享。不同高校在心理健康资源方面存在差异,当高校在面临重大公共事件等情况下,可以联动校际心理资源,寻求在心理学学科建设、心理健康工作力量方面具有优势的高校的支持。同时也可以通过专业培训、工作联盟、课题联合、名师工作室等方式,发挥优势资源高校的辐射带动作用,促进校际心理健康教育资源共享。

六是社会专业机构。社会工作专业实践与心理健康工作存在较大契合度,同时,社会工作具有资源链接的优势,工作上更加主动,方式上更加灵活,可以加强心理健康工作人员与社会工作者的联动,优势互补。尤其是开设了社会工作专业的高校,可以充分调动社会工作专业师生,开展大学生心理健康自助、互助活动,共同助力高校心理健康工作。

七是家长资源。家校沟通不畅是影响心理危机干预效果,甚至引发家校矛盾或纠纷的重要原因。此外,根据学生心理发展的特点,家庭往往是造成大学生心理问题的根源之一。因此,有必要探索加强高校家校合作心理育人模式,提升家庭对学生心理健康发展成才的贡献度。

（二）内培外聘，提升心理工作人员素质

高校心理健康服务的成功实施不仅依赖于协同合作的多元主体,还需要高素质的心理工作人员队伍的支持。因此,高校应采取一系列举措提升心理工作人员的专业素质,以更好地满足学生的需求。

一是引进外部专才。为填补内部心理工作队伍的不足,高校可以采用多种方式引进外部专业人才。可以通过聘请资深的心理健康工作者的方式,也可以与外部专业心理健康机构合作,还可以建立项目制度,吸引有经验的专家参与特定的心理健康项目,以提供专业指导和支持。

二是内部培养。高校应关注内部心理工作队伍的培养。首先,要根据学校规模和学生数量,配置足够数量的专职心理健康工作者,并确保他们具备必要的心理健康咨询资格和认证。此外,应鼓励心理健康工作者参加心理健康相关的培训课程,不断更新知识和技能,以跟上领域内的最新发展。

三是定期培训。为确保心理工作人员的专业素质得以持续提升,高校应该提供定期培训机会,开展问题研讨会等,帮助心理工作人员了解心理健康领域的最新研究和治疗方法,不断更新知识,提高咨询和干预的技能,更好地满足学生的需求。

四是完善督导制度。为了确保心理工作人员的工作质量和专业水平,每所高校至少应聘请一名校外督导专家。定期对心理工作人员提供专业支持和指导,监督其工作的进展。同时,心理工作人员应接受每学期不少于4次的专业督导,以不断提高工作质量和水平。

（三）心理自助+互助，形成学生全员参与的局面

在高校心理健康服务体系中,学生应被视为主体,调动学生积极性,参与心理自助和互助活动至关重要。这不仅有助于满足学生个体的心理需求,还可以促进校园社区的凝聚力和支持体系的形成。高校可开展以下心理自助+互助活动:

一是心理自助。学生可以通过多种途径进行心理自助,以促进自我认知和积极情感体验的变化。首先,可以积极阅读心理健康相关资料和书籍,了解心理健康的基本知识和技巧,从而更好地理解自己的情感和心理状态。此外,参加各类心理健康活动也是一种有效的自助方式。这些活动包括冥想、瑜伽、身体运动等,可以帮助学生降低焦虑,减轻压力,获得积极的情感体验。

二是心理互助。心理互助是一种非常有效的方式,通过心理互助,学生可以获得情感支持、经验知识分享、自我认同感和归属感,从而实现心理健康状况的改善。为了形成学生全员参与的局面。学校可以根据学生的兴趣和需求设计各类心理互助团体,例如焦虑管理小组、抑郁康复小组、自尊增强小组等,由专业心理健康工作者进行指导,以帮助学生通过心理互助活动,分享经验和学习应对策略,得到情感支持。

三是互助论坛。学校可以建立在线互助论坛,为学生提供一个分享和交流心理问题的平台。论坛须由专业心理健康工作者或学生心理委员会维护和监督,确保信息的准确性和安全性。学生可以在这里分享他们的心理体验,获得他人的理解和建议,建立情感支持网络。

四是心理健康社区活动。学校可以定期组织心理健康社区活动,吸引更多学生参与。这些活动可以包括心理健康讲座、座谈会、心理健康日等,为学生提供获取心理知识和技能的机会,同时也鼓励他们与他人建立联系,分享心理成长的经验。

(四)形成工作合力,打造全员育人局面

高校要做好全校心理健康工作队伍的统筹、规划和部署工作,成立全校心理健康工作领导小组,在科学研判本校心理健康工作现状、发展等基础上,做好全校心理健康工作的顶层设计,统筹规划和统一领导,做好队伍建设和条件保

障,完善相关制度规范,形成科学的工作机制。心理健康工作领导小组要做好学校心理健康工作队伍的组织、管理和调配工作,权责明晰,建立心理健康相关部门、相关人员的协作联动机制,推进全员育人,形成高校教育、管理、服务三方面合力。

一是内部合作。学校的心理健康中心应该充分整合各方主体,包括专职心理健康工作者、学生工作队伍、专任教师等,形成多方合作的局面。建立开放的信息共享与互动机制,使各部门能够及时了解学生的心理状况和需求。定期开展协作会议和跨部门工作会议,以促进信息的传递和工作的协同进行。

二是学工队伍协助。学工队伍在高校中扮演着重要的角色,他们与学生有着密切的接触,能够在早期发现和评估学生的心理问题。学工队伍应积极与学生互动,建立起信任和支持的关系,当学生面临心理挑战时,能够及时提供支持和疏导。同时,学工队伍还应与心理健康中心保持密切合作,协助开展危机干预工作,确保学生得到及时的帮助和支持。

三是学校资源整合。校内各个部门应明确在心理育人方面的责任,并将全员育人的理念贯穿到学校管理、教育和服务的各个层面。包括学校领导层将心理健康工作纳入学校战略规划中,并提供必要的资源;教务处在课程设置中融入心理健康教育内容,使学生在学习过程中接触到相关知识;后勤部门可以为学生提供舒适的学习和生活环境,以减轻他们的生活压力。

此外,二级院系也应积极参与,将心理健康教育融入各自的课程中,并建立起学科交叉的合作机制,推动心理健康教育跨学科的发展。这些跨部门的协作和整合将有助于形成工作合力,打造全员育人的联动局面,从而更好地满足学生的心理需求,创造更健康的校园氛围。

四、聚焦全过程心理育人,助力学生成长

大学阶段是人生成长的关键期,是世界观、人生观、价值观确立,心智逐渐走向成熟的重要时期。在遇到自己无法解决的心理和行为问题时,特别需要心

理方面的支持和辅助。全过程心理育人主要包括两个方面,一是要贯穿学生整个学业过程,二是要贯穿心理问题发展干预的全过程。

（一）循序渐进，做到心理健康服务全程化

心理健康服务全程化是指将心理健康工作贯穿到学生的整个学习生涯。心理健康工作必须要遵循学生身心发展规律,根据不同阶段学生的特点提供适切性的心理健康服务,满足不同发展阶段学生的心理诉求。要积极推进心理健康教育课程建设,采取必修、选修、讲座、团体辅导、在线课程等多种方式,根据不同年级学生的发展任务和心理特点,开展有针对性的心理健康教育课程教学。以积极心理学理念贯穿心理健康教育课程教学,着重培养学生的自信、理性、友善等积极心理品质。具体来说,在大一阶段,要聚焦学生的环境适应问题。一方面,有的学生异地求学,来到一个新的城市学习和生活,需要适应新的饮食、气候、人际交往、娱乐休闲方式;另一方面,大学阶段的学习和高中阶段的学习存在非常大的差异,新生需要适应新的学习环境,同时,还要安排好自己的时间。高校可以通过入学教育、大一新生适应手册、新生团体辅导、新生互助小组等方式,有针对性地解决学生在此阶段的困惑,帮助学生顺利适应新的角色。在大学二、三年级,学生开始进入专业课程学习,同学之间的交往也更加深入,学生往往面临较大的学业、恋爱、人际交往等方面的压力。高校可通过开设心理健康教育课程,开展丰富多样的心理健康活动、帮助和引导学生正确应对压力,学习自我心理调适的方法,明确自己的定位。对于毕业年级的学生来说,主要面临升学、就业、角色转换等压力,高校要加强对学生就业、创业、升学等方面的指导与支持,帮助学生顺利度过人生的转折阶段①。

（二）需求为本，开展适切性的心理健康服务内容

了解学生心理服务需求,提高服务的精准度,尤其要聚焦大学生成长性方面的议题,开展新生适应教育、人际关系沟通技巧、学习心理调适及学习策略提

---

① 刘少锋. 三全育人视阈下高校心理健康教育工作模式构建[J]. 广西教育, 2020.

升等主题活动。注重引导学生开展认识自我、职业生涯规划等实践教育。在心理咨询方面,着眼学生身心发展全过程,提供全程化的心理咨询服务,将重心从心理问题学生向一般普通学生转移,实现关注治疗过程向注重源头防治、心理治疗、终身发展的转变。

(三)尊重差异,做到心理跟踪教育全程化

高校要通过心理普测、心理咨询、谈心谈话等方式,及时了解学生的思想动态和心理困惑,动态把握学生的心理健康状况,采取点面结合的方式,既有面向全体的心理健康环境营造、心理健康资源提供,也有针对有心理问题与需求的个体的重点关注,对特殊学生一人一档,实行特殊学生心理跟踪教育全程化。高校要根据学生心理健康情况,实施分类管理,比如某些高校实行的三色管理,即根据学生心理行为的严重程度,划分为红、橙、黄三个等级。红色为最严重的等级,这部分学生往往是已经出现比较严重的心理障碍,或者有自杀倾向、自杀行为等的学生,对于这部分学生,平时要重点关注,随时掌握其心理动态,及时采取应对措施。对于橙色等级的学生,要对其开展专业心理干预,防止其心理问题程度加重。对于黄色等级的学生,要加强对其关心、情绪方面的疏导,提供学业、人际交往等方面的支持等。高校要制订心理健康跟踪服务全程化的计划、分析和研究经典案例,找准心理问题形成的原因和应对策略,为出现心理问题的学生迅速找到治疗方法,构筑全程心理跟踪服务体系。

五、坚持全方位心理育人,营造良好氛围

贯通课程教学、实践活动与校园氛围营造,搭建多维度协同平台,常态化推进校园心理文化建设。通过线上、线下等多种方式进行常态化心理健康科普宣教,为学生提供良好心理育人氛围。依托高校"一站式"学生社区综合管理模式建设,链接心理咨询师、学校社会工作者、班级辅导员入驻学生社区,开展有针对性的心理健康教育。

（一）充分发挥课堂教学主渠道作用

课堂是高校的主阵地,要充分发挥课堂的作用。一方面应开齐开足心理健康教育课程,将心理健康课程设为必修课,普及心理健康基本知识,提升学生的心理健康意识,增强心理抗逆力。另一方面应加强心理健康教学研究工作,保证心理健康教育内容的适切性、方法的科学性。心理健康教育内容的选择和安排是关键,一定要科学、合理,应该根据学生所在的年级和学生的心理发展特点选择合适的教学内容。教学方法的选择也要结合当代学生的特点,避免传统心理健康教育"说教式"的教学方法,要以学生为主体,将课堂还给学生,充分调动学生参与,采用讨论、情景体验、网络教学、案例分析等多种方式开展心理健康教育,增加体验性和互动环节,以激发学生学习的兴趣和积极性,营造健康和谐的教育氛围,提升教育效果。

（二）专业学习与心理健康工作相融合

专任教师应具备心理健康基本知识,能够在教学及师生互动中对学生心理问题进行初步的识别,并了解学校心理干预相关流程,同时,在课堂教学中,也要融合积极心理健康观,提升学生心理素养。

（三）创新创业与心理健康工作相融合

根据学生在创新创业过程中的心理特点,开展针对性的心理辅导,避免学生盲目从众、浮躁等不良心态,提升学生抗挫折能力。可以开展职业生涯规划、模拟面试、创业大赛等方式,锻炼学生能力,做好心理准备。同时,在大学生心理健康教育等课程中融入适应教育、挫折教育、压力管理等知识,提升学生的心理韧性。

（四）开展形式多样的校园心理活动

高校应加强对学生的人文关怀,开展丰富多样的心理活动,形成积极的校园心理氛围,涵养健康的校园社会心态。高校可以运用现代化技术,动态把握师生的心理状态,根据其心理现状和需求,开展人文关怀和心理疏导。此外,还应注重校园心理健康文化的建设,通过健康积极的校园文化氛围对学生产生潜移默化的影响。比如通过"5·25"心理健康月主题活动,加大宣传力度,促进学生积极参与,增加学生对心理健康知识的了解,增强心理健康意识,降低学生对心理健康问题的病耻感,提升学生心理健康素养提升以及社会心态涵养方面的作用,达到以文化人、以文培元的目的;打造心理健康品牌,形成良好的心理育人氛围,将心理健康知识渗透到学生学习、生活、课堂教学的各个环节,以实现全方位的心理育人工作格局;多开展适合大学生的心理健康活动,通过主题明确、内容丰富、互动性强的心理健康活动,提高学生参与活动的主动性和积极性,通过体验性的活动,以缓解学生的心理压力,疏导不良情绪,转变态度。

(五)开展线上与线下平台的智慧联动

一方面是打造心理健康中心硬件平台,完善功能房间及设施设备,借助信息化手段及智能化心理辅导仪器,为学生提供全方位的心理体验与活动场所。另一方面开发线上心理健康工作智慧平台,构建全流程心理健康教育智慧工作系统。利用心理健康测评系统,做到心理问题早发现、早疏导、早治疗。完善心理平台预约功能、心理自助互助等功能,推送心理健康知识、心理自助贴士、在线心理教育资源等,营造线上线下、课内课外相结合的全方位育人氛围,共同筑牢高校心理健康教育工作体系。

1.通过平台发布心理健康综合信息

高校可以利用心理健康工作平台实现收集学生心理诉求,开展心理专项调研,实施心理健康监测等功能。

(1)收集学生心理诉求。可以通过心理服务平台,收集学生对心理健康工作的需求、存在的意见等。通过对学生心理诉求的收集,准确把握心理健康工作的重点,及时回应学生的心理诉求。

(2)开展心理专项调研。可以依托心理服务平台,定期面向全校学生开展心理健康普查与排查,整体上掌握学生心理健康状况,同时,可以通过心理服务平台开展一些专题调研,比如民意调研、心态调研、针对重大危机事件的社会心理调研、针对不同学生群体特殊心理问题的专题调研等。

(3)实施心理健康监测。运用大数据信息化技术,根据学生个人心理档案,结合学校公众号、贴吧、论坛、心理专项调研结果等情况,对学生心理健康情况进行检测,及时发现学生的心理问题,定期对学生心理健康问题开展分析研判和风险评估,并制订干预方案①。

2.通过平台开展自助+互助+他助心理健康服务

高校可以运用互联网方便、快捷的特点,让学生通过线上平台实现大学生心理自助。大学生心理自助方面,主要提供两大类服务,一是心理健康科普宣教方面的知识,以心理方面的美文、心理方面的电影赏析、心理自助书籍、心理科普知识、心理健康讲座等方式开展心理健康知识宣传,帮助学生了解自我,提升心理自助能力。二是大学生心理健康自测及心理健康知识、技能学习。比如通过线上心理健康测评,了解自身心理状况,通过阅读自助平台上介绍的知识,了解大学生身心发展特点,大学阶段常见心理问题,学习有效的心理自助技术,如放松训练,冥想等。

大学生心理互助方面,可以运用平台打造大学生心理互助社群空间。一方面有心理行为困扰的学生可以在社群空间抒发自己的情绪,在社群空间获得同学的理解、支持和建议等;另一方面,可以发布线下心理互助活动,通过互助平台进行预约,通过参与学校定期组织开展的心理图书分享会、谈心谈话座谈会、大学生关爱帮扶朋辈互助团体,探讨学习心理、人际交往心理、创新就业心理等主题心理沙龙,通过朋辈心理互助提升大学生心理素养。

在心理问题专业干预方面,大学生可以通过平台预约学校专业心理咨询服务,也可以通过平台实现在线心理咨询,及时有效地解决心理问题。

---

① 陈功兴, 罗显克, 张桂源, 等. 社会心理服务体系建设背景下高校心理健康工作研究[J]. 广西教育, 2021.

六、数据驱动，提升心理服务效能

随着技术的进步,数据驱动的方法在提升心理服务效能方面发挥了越来越重要的作用。通过收集、分析和利用多种数据源,高校心理服务部门可以更好地理解学生的需求、优化资源分配,以及提供更加个性化和有效的支持。

（一）心理服务数据收集与整理

心理服务数据来源广泛,可以通过这些数据,描绘出学生心理画像,从而对学生提供更加精准的心理服务。

（1）心理健康数据。使用标准的心理评估工具,收集学生的心理健康数据,如焦虑、抑郁、应激水平等。

（2）学生反馈数据。通过问卷调查、面谈或在线反馈系统,收集学生对心理服务的满意度和需求反馈。

（3）行为数据。监测学生在校园内的行为,如图书馆使用、社交活动参与、在线学习行为等。分析学生在社交媒体上的活动,以了解其社交网络和情感状态。

（4）校内活动数据。记录学生参与校内活动的情况,包括社团、讲座、志愿活动等。

（5）学业数据。学业数据对于预测和干预学生心理健康至关重要。高校可以整合学生的学业表现数据,如成绩、出勤率、课程选择等信息。同时,也可以考虑学习行为数据,如学习时间、图书馆使用情况等,以揭示学业与心理健康之间的关系。

（二）心理服务数据分析与应用

通过心理服务数据的采集,进行数据筛选、清洗、分析,为心理服务的开展提供参考。

（1）预测心理健康问题。利用数据挖掘和机器学习算法,分析学生的数据以预测潜在的心理健康问题。例如,可以建立情感分析模型,监测学生在社交媒体上的情感表达,以识别情绪波动和可能的问题。

(2)个性化建议。基于数据分析的结果,为每位学生提供个性化的心理健康建议。例如,推荐特定的心理健康资源、课程或活动,以满足学生的需求。

(3)危机干预。建立危机干预模型,监测学生的数据以及时发现危机迹象。例如,通过情感分析、言语分析等技术来识别自杀倾向或严重焦虑的学生,并立即联系心理健康专业人员进行干预。

高校在开展数据驱动的心理健康服务中,需要注意以下几个方面:一是注意数据使用的伦理要求。首先,要确保数据安全,应采用强大的加密技术,限制访问权限,定期监测数据访问记录,以防止未经授权的数据泄露;其次,要建立明确的伦理准则,确保数据使用符合伦理和法律要求;最后,应与学生建立透明的沟通渠道,告诉他们数据将如何被使用,并取得他们的知情同意,以尊重学生的选择权。二是注意持续改进与反馈循环。首先,应建立一个定期收集反馈的机制,包括学生、心理健康专业人员和其他利益相关者的反馈,根据反馈不断改进平台,确保满足学生的需求;其次,应设立数据质量团队,监测数据的准确性和完整性,及时修复数据错误,防止不准确的数据影响分析结果;最后,应加强技术更新,定期进行系统维护和升级,以提高性能和安全性,从而适应新的挑战和需求。

参考文献

［1］樊富珉. 大学生心理健康教育研究［M］. 北京：清华大学出版社，2002.

［2］黄希庭，郑涌. 大学生心理健康教育［M］. 3 版. 上海：华东师范大学出版社，2020.

［3］俞国良. 大学生心理健康［M］. 2 版. 北京：北京师范大学出版社，2022.

［4］马建青. 大学生心理健康教程［M］. 4 版. 杭州：浙江大学出版社，2022.

［5］施秀梅. 习近平心理健康重要论述的生成逻辑［J］. 兵团党校学报，2022（1）：10-14.

［6］齐芳，崔兴毅. 成年人群自评心理健康状况总体良好［N］. 光明日报，2023-02-27（8）.

［7］苗芃. 社会心理服务体系建设：定位、现状及未来趋势［J］. 社会治理，2022（4）：24-27.

［8］陈雪峰. 社会心理服务体系建设的研究与实践［J］. 中国科学院院刊，2018，33（3）：308-317.

［9］马含俏，张曼华. 我国社区心理健康服务体系研究［J］. 医学与社会，2020，33（8）：67-72.

［10］俞国良，侯瑞鹤. 论学校心理健康服务及其体系建设［J］. 教育研究，2015，36（8）：125-132.

［11］赵崇莲. 广东省高校心理健康服务体系构建研究［D］. 重庆：西南大学，2011.

［12］丁闽江."全员育人"视角下的心理育人工作队伍建设研究［J］. 北京教

育(德育), 2022(6): 87-92.

[13] 江颖诗. 面向大学生的高校心理健康服务设计研究[D]. 广州: 广东工业大学, 2022.

[14] 赵翠霞. 云南师范大学心理健康服务需求分析及体系设计[D]. 昆明: 云南师范大学, 2019.

[15] 吴卉君. 基于思想政治教育的高校心理健康教育模式研究[D]. 杭州: 浙江工商大学, 2018.

[16] 王娟. 美国NASP协会学校心理学家专业标准研究[D]. 重庆: 西南大学, 2012.

[17] 王琳. 重庆市高校心理健康服务体系的现状调查[D]. 重庆: 西南大学, 2008.

[18] 李焰, 张国臣. 精研互鉴 育心育人: 大学生心理健康教育研究[M]. 沈阳: 东北大学出版社, 2021.

[19] 侯玉波. 社会心理学[M]. 4版. 北京: 北京大学出版社, 2018.

[20] 刘慧玲, 王小丽. 心理学原理与应用[M]. 北京: 国家开放大学出版社, 2020.

[21] 李百珍. 青少年心理卫生与心理咨询. 修订版[M]. 北京: 北京师范大学出版社, 2005.

[22] 陈娜, 徐颖. 高职大学生心理素质模块训练[M]. 北京: 航空工业出版社, 2012.

[23] 梁剑玲, 任婷婷. "协同·共享·发展"理念下"123"学生心理健康服务体系的构建[J]. 教育科学研究, 2019(10): 67-73.

[24] 朱敏, 廖友国, 陈敏. 新时代大学生心理健康素养的内涵、功能与提升路径[J]. 锦州医科大学学报(社会科学版), 2022, 20(3): 46-49.

［25］强润东，刘峰，杨欢，等.高校心理工作所面临的问题探析［J］.才智，2018(19)：137.

［26］周鹏宇，王翠芳.在社会治理创新中加强社会心理服务体系建设［J］.中共山西省委党校学报，2019，42(6)：84-88.

［27］俞国良，王浩.新时代我国心理健康教育的发展方向及其路径［J］.中国教育科学(中英文)，2022，5(1)：23-31.

［28］杨大威，俞国良.青少年对新冠肺炎疫情的认知：社会心理服务视角：本刊专访中国人民大学教授、博士生导师俞国良［J］.黑龙江社会科学，2020(4)：96-101.

［29］王震.全员导师制实施背景下整合式学校心理健康服务体系的探索与实践：以上海市宝山区为例［J］.现代教学，2021(24)：45-49.

［30］徐英.大学生心理问题及其预警干预机制研究［J］.常熟理工学院学报，2008，22(7)：67-70.

［31］李笑燃.大学生心理自助研究［D］.呼和浩特：内蒙古师范大学，2015.

［32］李笑燃，陈中永.论大学生心理自助的意义和价值［J］.内蒙古师范大学学报(教育科学版)，2016，29(6)：50-53.

［33］岳欣.大学生心理自助机制研究［J］.教育与职业，2012(33)：81-82.

［34］刘艳.大学生朋辈心理咨询模式探新：以浙江大学朋辈会心团体为例［J］.黑龙江教育(高教研究与评估)，2014(1)：88-89.

［35］马文喆.新媒体背景下大学生心理自助平台的建构研究［J］.太原城市职业技术学院学报，2017(10)：82-83.

［36］何海燕.大学生心理危机及干预研究综述［J］.智慧健康，2019，5(3)：47-48.

［37］吴继红.大学生心理危机源的调查与干预研究［J］.天津职业大学学

报，2012，21（2）：36-39.

[38] 宋小玥，王晓刚. 国内大学生心理危机预防与干预的研究综述[J]. 思想政治理论教育新探索，2013（1）：293-300.

[39] 张纪霞. 大学生婚恋观调查及教育引导对策研究[J]. 江苏理工学院学报，2015，21（5）：111-114.

[40] 赵旭艳，徐桂娟，孙泽洋. 突发公共事件时大学生心理波动趋向与引导策略[J]. 鄂州大学学报，2022，29（3）：85-87.

[41] 刘少锋. "三全育人"视阈下高校心理健康教育工作模式构建[J]. 广西教育，2020（27）：125-126.

[42] 陈功兴，罗显克，张桂源，等. "社会心理服务体系"建设背景下高校心理健康工作研究[J]. 广西教育，2021（47）：47-50.